Ад

Д-р Джей Рок Ли

1

2

1

Кровь, сочащаяся из неспасенных душ, подвергаемых жестоким пыткам, образует бескрайнюю реку.

2

Черты лица омерзительно уродливых посланников ада имеют сходство с человеческими или напоминают по форме морды нечистых животных.

3

На берегу кровавой реки истязаниям подвергается множество детей, начиная от 6-ти лет и до возраста половой зрелости. Чем больше тяжесть их грехов, тем ближе к кровавой реки находятся их погруженные в грязь тела.

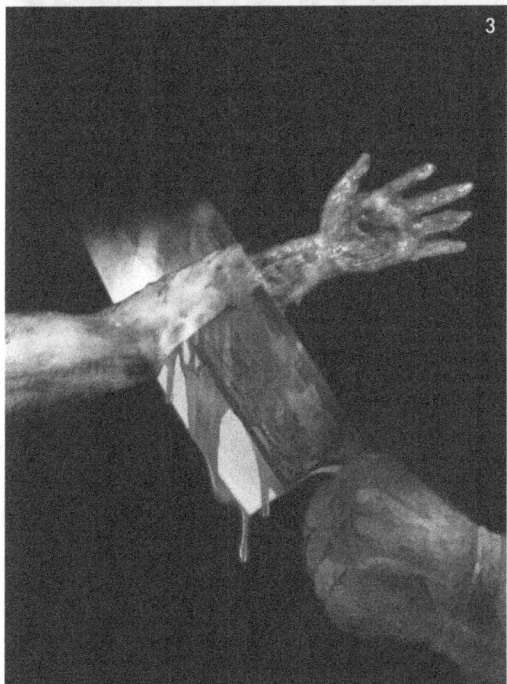

1
Бассейн со зловонной сточной водой полон жутких насекомых, которые поедают тела душ, удерживаемых в этом водоеме. Насекомые насквозь через живот пронзают их тела.

2,3
Зловеще уродливый посланник ада свинообразной формы подготавливает обширный арсенал орудий пыток, начиная с небольшого кинжала и кончая топором. Посланник ада расчленяет тела душ, привязанных к дереву.

Раскаленный котел наполнен зловонной бурлящей жидкостью. Осужденные на пытки души, которые были мужем и женой, погружаются в него по очереди. Пока одна душа страдает, другая умоляет о том, чтобы наказание супруга длилось подольше.

Обнажив челюсти с острыми зубами, многочисленные насекомые преследуют души, которые карабкаются вверх по скале. Перепуганные души мгновенно покрываются насекомыми и падают вниз на землю.

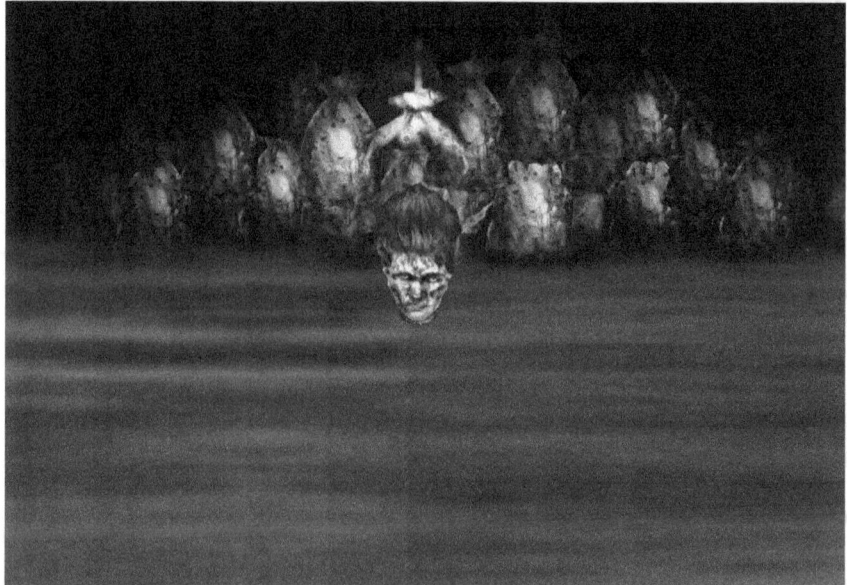

Многочисленные жутко черные головы преследуют тех, кто протестовал против Бога, и злобно грызут тела мятежников своими острыми зубами. Эти муки намного сильнее, чем если бы их кусали насекомые или рвали на части звери.

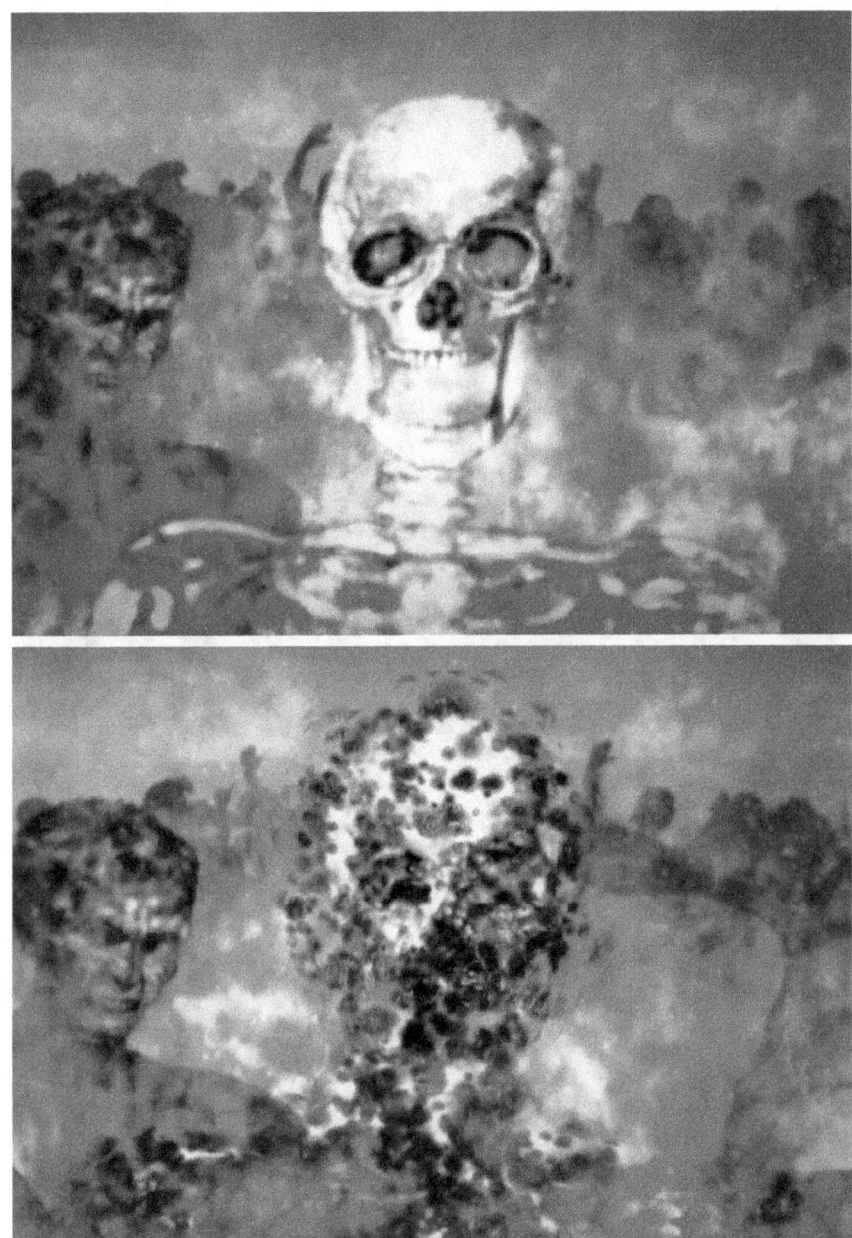

Души, брошенные в озеро огненное, подпрыгивают от боли и громко кричат. Их глаза налиты кровью, мозг их взрывается и сочится жидкостью.

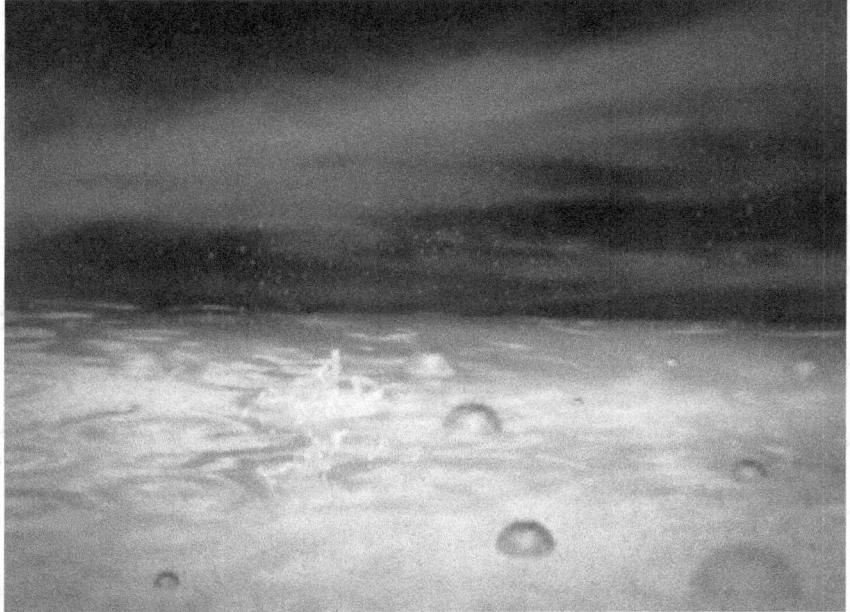

Если кто-то, допустим, выпьет жидкое, расплавленное в доменной печи, железо, то его внутренние органы будут сожжены. Души, брошенные в озеро, горящее серой, настолько подавлены болью, что даже не в силах стонать.

«Умер нищий и отнесен был Ангелами на лоно Авраамово.
Умер и богач, и похоронили его.
И в аде, будучи в муках, он поднял глаза свои,
увидел вдали Авраама и Лазаря на лоне его и,
возопив, сказал: „отче Аврааме!
умилосердись надо мною и пошли Лазаря,
чтобы омочил конец перста своего в воде и прохладил
язык мой, ибо я мучаюсь в пламени сем".

Но Авраам сказал: „чадо! вспомни,
что ты получил уже доброе твое в жизни твоей, а Лазарь – злое;
ныне же он здесь утешается, а ты страдаешь;
и сверх всего того между нами и вами утверждена
великая пропасть, так что хотящие перейти
отсюда к вам не могут, также и оттуда к нам не переходят".
Тогда сказал он: „так прошу тебя, отче,
пошли его в дом отца моего, ибо у меня пять братьев;
пусть он засвидетельствует им,
чтобы и они не пришли в это место мучения".

Авраам сказал ему: „у них есть Моисей и пророки;
пусть слушают их". Он же сказал:
„нет, отче Аврааме,
но если кто из мертвых придет к ним, покаются".
Тогда Авраам сказал ему:
„если Моисея и пророков не слушают,
то если бы кто и из мертвых воскрес, не поверят"»

От Луки, 16:22-31

АД

«Где червь их не умирает и огонь не угасает.
Ибо всякий огнем осолится...»
(Евангелие от Марка, 9:48-49)

АД

Доктор Джей Рок Ли

АД. Автор – д-р Джей Рок Ли
Издано «Urim Books». (Представитель – Сонг Кон Вин)
361-66, Shindaebang-Dong, Dongjak-Gu, Сеул, Корея, 152-848
www.urimbooks.com

Все права защищены международным законодательством об авторских правах. Настоящая книга, целиком или частично, не может быть воспроизведена ни в какой форме, сохранена в поисковой системе или переведена в любой электронный формат путем механической обработки, фотокопирования, записи или как-то иначе без письменного разрешения издателя.

Все цитаты из Священного Писания, если это не оговорено, взяты из текста Библии в Синодальном переводе.

Авторские права © 2013 д-ра Джей Рока Ли
ISBN: 978-89-7557-729-1
Перевод и авторские права © 2009 д-ра Эстер К.Чанг.
Использовано с разрешения.

Впервые издано в декабре 2009 г.
Вторая редакция – в май 2013 г.

Издано впервые на английском языке в феврале 2008 года.
Издана на корейском языке издательством «Урим Букс» (Сеул, Корея) в 2002 году.

Редактор – д-р Джеум Сан Вин
Дизайн редакционного бюро «Урим Букс». Тираж отпечатан издательской компанией «Уон Принтинг Компани», Корея. За дополнительной информацией обращайтесь по электронной почте: urimbook@hotmail.com

Предисловие

Надеюсь, эта книга послужит хлебом жизни и направит многие души к прекрасным Небесам, позволит понять любовь Бога, который желает спасения каждого человека ...

Сегодня, когда люди слышат о Небесах и аде, большинство реагирует отрицательно, говоря: «Как в наш научный век можно в это верить?», «Вы сами-то были на Небесах или в аду?». Или: «Узнаем, когда умрем».

Вы должны заранее знать, что существует жизнь после смерти. Иначе может оказаться слишком поздно. Сделав последний вздох, вы уже не получите возможности еще раз прожить жизнь в этом мире.

Вас ожидает Божий Суд, на котором вы пожнете то, что посеяли в своей жизни. В Библии Бог уже открыл нам путь спасения, показал существование Небес и ада и сказал о

Суде, который произойдет согласно Слову Божьему.

Он явил замечательные дела Своей силы через многих пророков Ветхого Завета и Иисуса Христа. Через чудеса, знамения и другие великие дела Своей силы, аналогичные тем, что описали в Библии верные Божьи служители, Бог и сегодня показывает вам, что Он Живой Бог. Но люди не верят, даже несмотря на многие свидетельства Его дел.

Поэтому Своим детям Бог показал Небеса и ад и вдохновил их свидетельствовать по всему миру о том, что они видели. Мне тоже было дано откровение о Небесах и аде. Бог Любви побудил меня рассказать об этом, поскольку приближается Второе пришествие Христа

Когда я проповедовал о мучениях и отвратительных картинах Гадеса, принадлежащего аду, то видел, как многие члены церкви содрогались и, сострадая, плакали о душах, несущих там жестокое наказание. Неспасенные души остаются в Гадесе только до Суда Большого Белого Престола. После Суда такие души попадут либо в огненное озеро, либо в озеро, горящее серой. Наказание в огненном и серном озерах намного суровее Гадеса.

Опираясь на Божье Слово, я пишу о том, что мне открыл Бог через Духа Святого. Мою книгу можно назвать посланием искренней любви нашего Бога Отца, который хочет спасти от греха как можно больше людей, позволяя им заранее узнать о бесконечных страданиях ада. Чтобы спасти всех людей, Бог позволил Своему Сыну умереть на кресте. Бог не желает, чтобы даже одна душа отправилась в страшный ад. Для Бога каждая душа ценнее целого мира. Поэтому, когда человек спасается верой, Он радуется, и сонмы ангелов небесных празднуют это событие.

Я благодарю и славлю Бога за помощь в издании этой книги. Надеюсь, что вы захотите понять сердце Бога, который не желает потерять ни одной души, и обретете истинную веру. Кроме того, умоляю вас усердно проповедовать Евангелие всем душам, которые стоят на пути в ад.

Я также благодарю издательский дом «Урим букс», его сотрудников и директора редакционной коллегии Джеум Сан Вин. Надеюсь, что читатели осознают, что вечная жизнь и Суд Божий существуют, и обретут совершенное спасение.

Я благословляю всех вас именем Господа Иисуса Христа.

Джей Рок Ли

Введение

С молитвой о том, чтобы бесчисленные души могли понять несчастье ада, раскаяться, оставить путь смерти и обрести спасение...

Святой Дух вдохновил преподобного доктора Джей Рока Ли, старшего пастора Центральной церкви «Манмин», узнать о жизни после смерти и несчастьях ада. Мы собрали его проповеди и издали книгу «*Ад*» для того, чтобы многие люди смогли отчетливо представить себе, что такое ад. Всю славу и благодарность за этот труд я воздаю Богу.

Жизнь после смерти сегодня вызывает интерес многих людей, но способности человека ограничены и не позволяют получить ответы на все вопросы. В книге образно и подробно рассказывается об аде, о котором мы только частично узнаем из Библии. Книга *«Ад»* состоит из девяти глав.

Глава 1-я, «Действительно ли существуют Небеса и ад?», представляет общую структуру Небес и ада. С помощью притчи о богаче и нищем по имени Лазарь (Евангелие от Луки, 16) объясняется, что Верхняя могила – место, где находятся в ожидании спасенные души со времен Ветхого Завета, а в Гадесе испытывают мучения неспасенные души.

В главе 2-й, «Спасение для тех, кто никогда не слышал Евангелия», предлагается объяснение суда совести. Описываются критерии, по которым будут судимы младенцы, не родившиеся вследствие аборта или выкидыша, дети до пятилетнего возраста и дети от шести до двенадцати лет.

Глава 3-я, «Гадес и определение посланцев ада», рассказывает о месте ожидания в Гадесе. После смерти люди пребывают там в течение трех дней, а затем направляются в различные места Гадеса, в соответствии со степенью тяжести их грехов. В Гадесе эти люди подвергаются безжалостным мучениям до Суда Великого Белого Престола. В этой же главе говорится о том, кем являются злые духи, управляющие Гадесом.

Глава 4-я, «Наказания в Гадесе для неспасенных детей»,

свидетельствует о том, что даже некоторые младенцы, не способные различать добро и зло, не получат спасения. Виды наказаний, которые применяются к детям, различны в зависимости от возраста: наказания для зародышей и грудных детей, детей до трех лет, детей от трех до пяти лет и детей от шести до двенадцати лет.

Глава 5-я, «Наказания людям, достигшим половой зрелости», объясняет, что ожидает людей старше подросткового возраста. Наказания для тех, кто старше тринадцати лет, разделены на четыре уровня, в соответствии с серьезностью их грехов. Чем тяжелее степень грехов, тем большее наказание они получают.

Глава 6-я, «Наказания за хулу на Святого Духа», напоминает читателям, что, как написано в Библии, существуют некоторые непростительные грехи, в которых человек не может раскаяться. В этой главе с помощью подробных примеров также описываются различные виды наказаний.

Глава 7-я, «Спасение в период Великой Скорби», предупреждает нас о том, что мы живем в последнее время и пришествие Господа совсем близко. В этой главе подробно объясняется, что произойдет во время пришествия Христа, и люди, не получившие спасения раньше, смогут обрести его только через мученическую смерть. Верующие должны подготовиться как Невеста Господа Иисуса, чтобы принять участие в Семилетнем Брачном пире и не остаться на земле после восхищения Церкви.

Глава 8-я, «Наказания в аду после Великого суда», рассказывает о Суде в конце Тысячелетнего Царства; о том, как неспасенные души направятся из Гадеса в ад; о различных видах наказаний, применяемых к ним; о судьбе злых духов и уготованном им наказании.

Глава 9-я, «Почему Бог Любви приготовил ад?», объясняет дивную любовь Бога, которую Он проявил через жертву Сына Своего Единородного. Заключительная глава подробно рассказывает, почему Богу Любви пришлось создать ад.

Книга *«Ад»* помогает понять любовь Бога, желающего, чтобы все получили спасение и духовно бодрствовали. И в заключение книга призывает вас указать как можно большему количеству людей путь спасения. Бог исполнен милосердия и сострадания, Бог есть Любовь. Как отец надеется на возвращение своего блудного сына, так и наш Бог ожидает, что все заблудшие души повернутся к Нему, избавятся от грехов и обретут спасение. Поэтому я искренне надеюсь, что люди сразу вернутся к Богу, когда поймут и осознают, что ад воистину существует. Во имя Иисуса Христа я также прошу о том, чтобы все верующие в Господа продолжали оставаться бдительными и бодрствовали, приводя к Небесам многих и многих людей.

Джеум Сан Вин,
директор редакционной коллегии

Содержание

Глава 1

Действительно ли существуют Небеса и ад? • 1

Глава 2

Спасение для тех,
кто никогда не слышал Евангелия • 21

Глава 3

Гадес и определение посланцев ада • 49

Глава 4

Наказания в Гадесе для неспасенных детей • 63

Глава 5

Наказания для людей, достигших половой зрелости • 77

Глава 6

Наказания за хулу на Святого Духа • 117

Глава 7

Спасение в период Великой Скорби • 143

Глава 8

Наказания в аду после Великого суда • 165

Глава 9

Почему Бог Любви приготовил ад? • 195

Глава 1

Действительно ли существуют Небеса и ад?

«Умер нищий и отнесен был Ангелами на лоно Авраамово. Умер и богач, и похоронили его. И в аде, будучи в муках, он поднял глаза свои, увидел вдали Авраама и Лазаря на лоне его и, возопив, сказал: отче Аврааме! умилосердись надо мною и пошли Лазаря, чтобы омочил конец перста своего в воде и прохладил язык мой, ибо я мучаюсь в пламени сем. Но Авраам сказал: чадо! вспомни, что ты получил уже доброе твое в жизни твоей, а Лазарь – злое; ныне же он здесь утешается, а ты страдаешь; и сверх всего того между нами и вами утверждена великая пропасть, так что хотящие перейти отсюда к вам не могут, также и оттуда к нам не переходят. Тогда сказал он: так прошу тебя, отче, пошли его в дом отца моего, ибо у меня пять братьев; пусть он засвидетельствует им, чтобы и они не пришли в это место мучения. Авраам сказал ему: у них есть Моисей и пророки; пусть слушают их. Он же сказал: нет, отче Аврааме! но если кто из мертвых придет к ним, покаются. Тогда [Авраам] сказал ему: если Моисея и пророков не слушают, то, если бы кто и из мертвых воскрес, не поверят».

- Евангелие от Луки, 16:22-31

Большинство людей боится смерти и живет в страхе и тревоге за жизнь. Однако они не ищут Бога, потому что не верят в жизнь после смерти. Многие из исповедующих веру в Иисуса Христа тоже не могут жить верой. По глупости они сомневаются и не верят в жизнь после смерти, несмотря на то, что в Библии Бог уже открыл нам, что после смерти есть жизнь, есть Небеса и ад. Жизнь после смерти является невидимым духовным миром. Поэтому люди не способны это осознать, пока Бог не позволит им.

Как неоднократно написано в Библии, Небеса и ад существуют. Именно поэтому многим людям Бог показывает Небеса и ад и позволяет им возвещать об этом на весь мир. Небеса и ад конечно же существуют. Небеса – прекрасное и дивное место, в то время как ад – тоскливое и ужасное.

Я умоляю вас поверить в существование жизни после смерти.

Вам решать, направитесь ли вы на Небеса или в ад. Чтобы не попасть в ад, вам следует немедленно покаяться во всех своих грехах и принять Иисуса Христа. Конечно же ад существует.

Это место, где люди обречены на вечные страдания от огня. Также истинно и то, что существуют Небеса, которые могут стать вашей постоянной обителью.

Бог Любви рассказал мне о Небесах еще в мае 1984 года. Он также начал рассказывать мне про ад с марта 2000 года. Бог попросил меня распространить во всем мире то, что я узнал о Небесах и аде, чтобы никто не подвергся наказанию в огненном озере или озере, горящем серой.

Однажды Бог показал мне душу, которая страдала и плакала с глубоким сожалением в Гадесе, месте, где в агонии ожидают своей участи все, идущие в ад. Эта душа отказалась принять Господа, несмотря на то, что она многократно слышала Евангелие. Вот исповедь этого человека:

«Я считаю дни.
Считаю, считаю и считаю, но они бесконечны.
Мне следовало принять Иисуса Христа,
когда мне рассказали о Нем.
Что же мне делать теперь?
Все совершенно бесполезно,
даже если сейчас я раскаиваюсь.
Я не знаю, что же делать теперь.
Мне хочется, чтобы прекратилось это страдание,
но я не знаю, что мне делать.

Я считаю: один день, два и три дня.
Но даже, если я и считаю дни этим способом,
то теперь знаю, что это бесполезно.
Мое сердце разрывается.
Что же мне делать? Что же мне делать?
Как освободиться от этой страшной боли?
Что же мне делать, о, моя бедная душа?
Как мне вынести эти муки?».

Небеса и ад существуют

В Послании к Евреям, 9:27, написано, что *«человекам положено однажды умереть, а потом суд»*. После смерти, которую не избежать никому, Суд решает, где человек проведет вечность – на Небесах или в аду.

Бог – это Любовь, поэтому Он хочет, чтобы каждый человек пришел на Небеса. Еще до начала времен Бог подготовил Иисуса Христа и, когда подошел положенный срок, открыл дверь для спасения людей. Бог не желает, чтобы хоть одна душа попала в ад.

В Послании к Римлянам, 5:7-8, сказано: *«Ибо едва ли кто умрет за праведника; разве за благодетеля, может быть, кто и решится умереть. Но Бог Свою любовь к нам доказывает тем, что Христос умер за нас, когда мы были еще грешниками»*. Бог проявил Свою любовь к нам, принеся в жертву единственного Сына.

Дверь спасения широко открыта, и любой человек, который принимает Иисуса Христа как своего личного Спасителя, обретает спасение и попадает на Небеса. Однако многих людей вообще не интересуют Небеса и ад, даже если они и слышат о них. Более того, некоторые из этих людей даже преследуют тех, кто проповедует Евангелие.

Печальнее всего то, что люди, утверждающие, что веруют в Бога, на самом деле больше любят мир и грешат, потому что у них нет надежды на Небеса и нет страха перед адом.

Свидетельства очевидцев и Библии

Небеса и ад находятся в духовном мире, который действительно существует. В Библии много раз упоминается о существовании Небес и ада. Об этом также свидетельствуют побывавшие на Небесах или в аду. Чтобы после смерти мы могли обрести вечную жизнь на Небесах и не попасть в ад, Бог говорит нам в Библии, как ужасен ад:

«И если соблазняет тебя рука твоя, отсеки ее: лучше тебе увечному войти в жизнь, нежели с двумя руками идти в геенну, в огонь неугасимый, где червь их не умирает и огонь не угасает. И если нога твоя соблазняет тебя, отсеки ее: лучше тебе войти в жизнь хромому, нежели с двумя ногами быть ввержену в геенну, в огонь неугасимый, где червь их не умирает и огонь не угасает. И если глаз твой соблазняет тебя, вырви его: лучше тебе с одним глазом войти в Царствие Божие, нежели с двумя глазами быть ввержену в геенну огненную, где червь их не умирает и огонь не угасает. Ибо всякий огнем осолится, и всякая жертва солью осолится» (От Марка, 9:43-49).

Люди, побывавшие в аду, свидетельствуют о том же, о чем предупреждает Библия. В аду: *«червь их не умирает и огонь не угасает. Ибо всякий огнем осолится, и всякая жертва солью осолится».*

Совершенно ясно, что после смерти людей ожидают Небеса или ад, как об этом и написано в Библии. Поэтому вам следует взойти на Небеса, живя по Божьему Слову и веря в существование Небес и ада.

Тогда вам не придется испытывать угрызений совести подобно той душе, о которой упоминалось выше. Ее постигли бесконечные страдания в Гадесе из-за того, что человек отказался принять Господа, несмотря на многократную возможность слышать Евангелие.

В Евангелии от Иоанна,14:11-12, Иисус говорит нам: *«Верьте Мне, что Я в Отце и Отец во Мне; а если не так, то верьте Мне по самым делам. Истинно, истинно говорю вам: верующий в Меня, дела, которые творю Я, и он сотворит, и больше сих сотворит, потому что Я к Отцу Моему иду».*

Человека Божьего можно узнать по чудесным проявлениям Силы, превышающим человеческие способности. Его проповедь соответствует истинному Божьему Слову.

Я проповедую Иисуса Христа, демонстрируя могущественные дела Живого Бога во время фестивалей исцеления и крусейдов по всему миру. Когда я молюсь во имя Иисуса Христа, многие люди обретают веру и получают спасение, видя удивительную работу Божьей силы: слепые прозревают, немые обретают способность говорить, хромые начинают ходить, умирающие выздоравливают.

Таким способом Бог мощно действует через меня. Мне также дано было узнать о Небесах и аде и дозволено рассказать об этом всему миру, для того чтобы как можно больше людей могли обрести спасение.

Сегодня многим любопытно было бы узнать о загробном мире, но человеческими усилиями невозможно составить ясное представление о мире духовном. Узнать об этом, частично, можно из Библии. Но все становится понятным, если Бог дает разъяснения, когда вы исполнены Духом Святым, который все проницает, даже глубины Божии (1-е посл. к Коринфянам, 2:10).

Надеюсь, вы полностью поверите моему описанию ада, основанному на стихах из Библии, потому что все это мне объяснил сам Бог, когда я был исполнен и вдохновлен Духом Святым.

Почему нужно возвещать Божий Суд и наказание в аду

Когда я проповедую об аде, те, у кого есть вера и кто исполнен Святым Духом, слушают меня без всякого страха. Однако лица у некоторых напрягаются, им становится все труднее соглашаться с услышанным и сказать «аминь» или «да».

В худшем случае, люди со слабой верой прекращают посещать богослужения или в страхе оставляют церковь, вместо того чтобы еще больше утвердиться в своей вере с надеждой попасть на Небеса.

Однако я обязан рассказать об аде, потому что знаю сердце Бога. Бог очень беспокоится за людей, которые движутся по пути к аду, все еще живут во тьме, соглашаются с мирским образом жизни, хотя некоторые из них и исповедуют веру в Иисуса Христа.

Поэтому я собираюсь подробно рассказать все, что знаю об аде, чтобы Божьи дети могли, оставив тьму, обитать в Свете. Бог хочет, чтобы его дети покаялись и взошли на Небеса. Хотя, слыша о Божьем Суде и наказании в аду, некоторые могут испытывать страх и почувствовать себя неуютно.

Притча о богаче и нищем Лазаре

В Евангелии от Луки, 16:19-31, говорится о том, что после смерти богач и нищий Лазарь были похоронены. Однако ситуация, в которой они оказались, и условия мест их пребывания были разными.

Они были разделены великой пропастью: богач сильно мучился в огне, в то время как Лазарь был на лоне Авраамовом. Почему?

В ветхозаветные времена Божий Суд совершался по закону Моисееву. С одной стороны, богач получил наказание огнем, потому что он при жизни не верил в Бога, хотя был окружен большой роскошью. С другой стороны, нищий Лазарь мог наслаждаться вечным покоем, благодаря своей вере в Бога, хотя при жизни кожа его была в струпьях и он питался тем, что падало со стола богача.

Жизнь после смерти определяется Божьим Судом

В Ветхом Завете мы читаем, что отцы веры, включая Иакова и Иова, были уверены в том, что после смерти они уйдут в преисподнюю (Бытие, 37:35; Кн. Иова, 7:9). Корей и все люди, которые выступили против Моисея, неся на себе гнев Божий, живыми сошли в могилу (Числа, 16:33).

В Ветхом Завете также упоминается о «Гадесе» или «самом низком из мест Гадеса», потому что загробное царство делится на две части: Верхняя могила, относящаяся к Небесам, и Гадес, который принадлежит аду. Поэтому вы знаете, что такие отцы веры, как Иаков и Иов, а также нищий Лазарь попали в Верхнюю могилу, принадлежащую Небесам. А Корей и богач оказались в Гадесе, принадлежащем аду.

Конечно, после смерти существует жизнь, и по Суду Божьему все люди попадут либо на Небеса, либо - в ад. Я умоляю вас поверить в Бога, чтобы спастись от ада.

Структура Небес и ада

При упоминании о Небесах или аде в Библии используются различные термины. Вы понимаете, что Небеса и ад находятся не в одном и том же месте.

Другими словами, Небеса делятся на «Верхнюю могилу», «Рай» или «Новый Иерусалим». Это вызвано тем, что Небеса, обитель спасенных душ, имеют свои отличительные черты и включают много различных мест.

Как я уже рассказал в книгах *«Мера Веры»* и *«Небеса I и II»*, в зависимости от того, насколько вы возродите в себе утерянный образ Бога Отца, настолько ближе к Божьему Престолу вы будете в Новом Иерусалиме. По вашей вере дано будет вам войти в Третье, Второе или Первое небесные царства. Те, кто едва спасен, попадут в Рай.

Место пребывания неспасенных душ или злых духов упоминается как «Гадес» («преисподняя»), «озеро огненное», «озеро, горящее серой» или «бездна» («бездонная пропасть»). Так же, как Небеса разделены на многие обители, так и в аду существуют различные уровни. Место пребывания каждой души там определяется по мере злых дел, совершенных в этом мире.

Структура Небес и ада

Чтобы лучше понять структуру Небес и ада, представьте форму ромба (◇). Если его разделить пополам, получится два треугольника – верхний (△) и нижний (▽). Допустим, верхний треугольник представляет собой Небеса, а тот, который перевернут, является адом.

Вершина первого треугольника соответствует Новому

АД

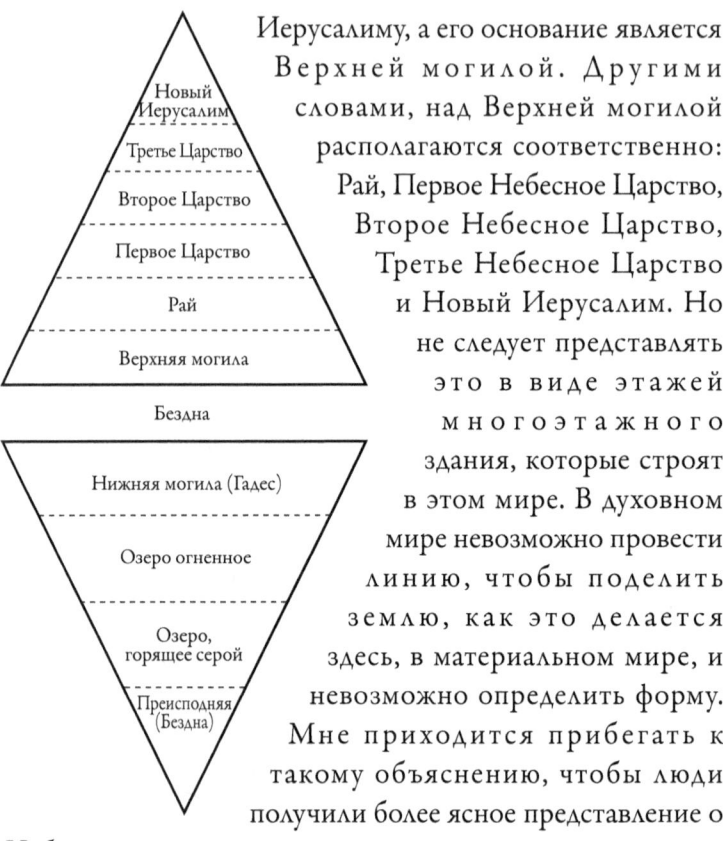

Иерусалиму, а его основание является Верхней могилой. Другими словами, над Верхней могилой располагаются соответственно: Рай, Первое Небесное Царство, Второе Небесное Царство, Третье Небесное Царство и Новый Иерусалим. Но не следует представлять это в виде этажей многоэтажного здания, которые строят в этом мире. В духовном мире невозможно провести линию, чтобы поделить землю, как это делается здесь, в материальном мире, и невозможно определить форму. Мне приходится прибегать к такому объяснению, чтобы люди получили более ясное представление о Небесах и аде.

В первом треугольнике вершина соответствует Новому Иерусалиму, а основание – Верхней могиле. Иначе говоря, чем выше вы подниметесь к вершине, тем лучшее Небесное Царство ожидает вас.

Основание второго треугольника соответствует Гадесу. Чем глубже вы двигаетесь внутрь перевернутого треугольника, тем глубже в ад вы попадаете. Бездна, о которой упоминается в Евангелии от Луки и Откровении Иоанна Богослова, относится к самой глубокой части ада. В верхнем треугольнике, по мере вашего подъема от основания к вершине – от Рая до Нового Иерусалима, – пространство постепенно сужается.

Это говорит о том, что число людей, которые вступят в Новый Иерусалим, будет небольшим по сравнению с теми, кто попадет в Рай, Первое или Второе небесные царства. Это вызвано тем, что в Новый Иерусалим могут войти только люди, исполненные святости и совершенства, очистившие свои сердца от греха и следующие за сердцем Бога Отца.

Как видно на примере второго, перевернутого, треугольника, в нижнюю, самую глубокую часть ада тоже попадает сравнительно небольшое число людей. Там окажутся те люди, чья совесть заклеймлена особо тяжкими злодеяниями. Большинство людей, совершивших более легкие прегрешения, попадут в верхнюю, более широкую часть ада.

Я использовал форму ромба исключительно для того, чтобы помочь вам понять структуру Небес и ада. Не следует делать заключение, будто Небеса имеют форму треугольника, а ад похож на перевернутый треугольник.

Великая пропасть между Небесами и адом

Между верхним треугольником, Небесами, и перевернутым треугольником, адом, существует великая пропасть. Небеса и ад не связаны друг с другом, а находятся на бесконечном расстоянии.

С помощью этого Бог четко установил границу, чтобы души не могли перемещаться между Небесами и адом. За исключением особых случаев, когда Бог дает возможность видеть друг друга и разговаривать, как это было с богачом и Авраамом.

Между двумя симметричными треугольниками пролегла великая пропасть. Люди не могут перемещаться от Небес к аду и наоборот. Однако, если Бог разрешает, люди на Небесах и в аду могут видеть, слышать друг друга и общаться в духе, независимо от расстояния. Мы легко можем это понять, потому что пользуемся телефоном, а благодаря развитию науки и техники, общаемся через спутник с помощью экрана.

Несмотря на то, что существует великая пропасть между Небесами и адом, богач мог видеть Лазаря, отдыхающего рядом с Авраамом, и, с разрешения Бога, мог в духе разговаривать с Авраамом.

Верхняя могила и Рай

Если быть точным, то следует сказать, что Верхняя могила не является частью Небес. Но она принадлежит к Небесам, в то время как Гадес является частью ада. В период между Ветхим и Новым Заветами роль Верхней могилы была преобразована.

Верхняя могила в ветхозаветные времена

В ветхозаветные времена спасенные души находились в Верхней могиле. Авраам, отец веры, отвечал за Верхнюю могилу, вот почему в Библии написано, что Лазарь пребывал на лоне Авраамовом.

Однако, начиная с Воскресения и Вознесения Господа

Иисуса Христа, спасенные души больше не находятся рядом с Авраамом. Они переместились в Рай, к Господу. Вот почему Иисус сказал покаявшемуся на кресте разбойнику: *«Ныне же будешь со Мною в раю»* (От Луки, 23:43).

Разве после распятия на кресте Иисус немедленно направился в Рай? В Первом послании Петра, 3:19, говорится, что *«Он [Иисус] и находящимся в темнице духам, сойдя, проповедал»*. На основании этого стиха можно увидеть, что Иисус проповедовал Евангелие всем потенциально спасенным душам, ожидающим своей участи в Верхней могиле. Это будет подробно обсуждаться во второй главе этой книги.

Когда Иисус Христос воскрес и вознесся на Небеса, в течение трех дней Он проповедовал Евангелие в Верхней могиле и привел души, предназначенные для спасения, в Рай. Сегодня Иисус готовит место на Небесах и нам, поскольку Он сказал: *«Я иду приготовить место вам»* (От Иоанна, 14:2).

Рай во времена Нового завета

Спасенные души больше не находятся в Верхней могиле после того, как Иисус широко открыл для нас двери спасения. Они пребывают в Раю, ожидая пока не закончится человеческая цивилизация. А затем, после Суда Большого Белого Престола, все они обретут свое собственное место на Небесах, соответствующее уровню их веры, и вовеки веков будут жить там.

Души, спасенные во времена Нового Завета, ждут своей дальнейшей участи в Раю. Некоторых интересует, могут ли в Раю уместиться все, кто заслуживает туда попасть. Достаточно ли там места для всех людей. Солнечная система, в которую входит Земля, сравнима с точкой в нашей галактике. А галактика – всего лишь точка во Вселенной. Можете теперь представить размеры Вселенной?

Кроме того, огромная Вселенная, в которой мы живем, – это лишь часть бесконечных вселенных, истинные масштабы которых мы не можем объять нашим воображением. Поэтому, если вы не можете понять необъятность физических вселенных, как же вы сумеете осознать беспредельность Небес в Духовном царстве?

Просторы Рая превышают наше воображение. Он расположен на необъятно широком расстоянии от мест, ближайших к Первому царству, и до самых райских окраин. Теперь вы в состоянии представить, насколько обширен сам Рай?

Души получают в Раю духовное знание

Хотя Рай – лишь место ожидания на пути к Небесам, это далеко не унылое место. Его красота не идет ни в какое сравнение даже с самыми впечатляющими пейзажами нашего мира.

Души, ожидающие в Раю, получают духовные знания у пророков. Они узнают о Боге и Небесах, духовных законах, обретают другие необходимые познания. Духовное совершенствование не имеет пределов. Учеба там полностью отличается от учебы в нашем мире. Учиться там легко и интересно. Чем больше души познают, тем больше благодати и радости получают.

Чистые и кроткие сердцем через общение с Богом уже в этом мире могут обрести глубокие духовные знания. Многое можно понять под вдохновением от Святого Духа, если у вас открыто духовное зрение. Тогда и в этом мире вы можете ощутить духовную силу Бога, потому что понимаете духовные законы и получаете ответы на свои молитвы в той степени, в какой вы «обрезаете» свое сердце.

Как же счастлив и доволен верующий, когда он получает духовные знания и может применить их в этом мире! Представьте, насколько счастливее и радостнее будет в Раю, где вы обретете более глубокие духовные познания.

Где обитают пророки? В Раю? Нет. Души, достойные вступить в Новый Иерусалим, находятся не в Раю, а в Новом Иерусалиме, помогая Богу в Его делах.

До распятия Иисуса Авраам отвечал за Верхнюю могилу. Однако после Воскресения и Вознесения Иисуса Христа Авраам вошел в Новый Иерусалим, потому что выполнил свой долг по отношению к Верхней могиле. Где пребывали Моисей и Илия, в то время как Авраам находился в Верхней могиле? Их не было в Раю, так как они уже вошли в Новый Иерусалим (От Матфея, 17:1-3).

Верхняя могила во времена Нового Завета

Возможно, вы видели кино, где показывается, как после смерти душа, напоминающая физическое тело человека, отделяется от него и следует либо за ангелами с Небес, либо за посланцами из ада. Фактически же, спасенная душа человека, в сопровождении двух ангелов в белых одеждах, направляется на Небеса после того, как она отделилась от его тела в момент смерти. Тот, кто знал об этом заранее, не испытает потрясения, когда его душа в момент смерти отделится от тела. Однако неподготовленный человек будет шокирован тем, что увидит другого человека, похожего на самого себя, отделяющегося от его собственного тела.

Сначала душа, которая разъединилась с физическим телом, будет чувствовать себя очень странно и необычно. Ее состояние сильно отличается от прежнего, потому что, перейдя из трехмерного мира в четырехмерное пространство, она испытывает небывалые изменения.

Отделившаяся душа не ощущает веса тела и может летать, так как чувствует себя очень легкой. Потребуется некоторое время, чтобы приспособиться к духовному миру. Поэтому души, спасенные во времена Нового Завета, намеренно оставляются в Верхней могиле для того, чтобы адаптироваться к духовному миру, перед тем как войти Рай.

Гадес, место ожидания по пути к аду

Гадес – верхняя часть ада. Далее следуют огненное озеро, озеро, горящее серой, и Бездна - самая глубокая часть ада. Души, не спасенные еще с начала времен, до сих пор находятся не в аду, а в Гадесе. Многие люди утверждают, что побывали в аду.

Я могу сказать, что на самом деле они видели сцены мучений в Гадесе. Это вызвано тем, что, согласно степени тяжести грехов и совершенного зла, неспасенные души помещаются в различные части Гадеса, и, в конечном счете, после суда Великого Белого Престола они будут брошены в огненное озеро или озеро, горящее серой.

Страдания неспасенных душ в Гадесе

В Евангелии от Луки, 16:24, описаны страдания, переносимые в Гадесе неспасенным богачом. Мучаясь, богач попросил каплю воды словами: *«Отче Аврааме! умилосердись надо мною и пошли Лазаря, чтобы омочил конец перста своего в воде и прохладил язык мой, ибо я мучаюсь в пламени сем»*.

Как же душам не испугаться и не трепетать от чудовищного страха, испытывая страдания среди криков других людей, терпящих огненные муки, не имея надежды умереть в аду, «где червь их не умирает и огонь не угасает»?

Жестокие посланцы ада мучают души в черной, как смоль, тьме Гадеса. Все место пропитано кровью и ужасным запахом, исходящим от разлагающихся трупов, поэтому там трудно дышать. Однако наказание в аду не сопоставимо с тем, что происходит в Гадесе.

Начиная с третьей главы, я буду подробно рассказывать, приводя примеры, насколько ужасающим местом является Гадес и какие невыносимые наказания ожидают душу в огненном озере и озере, горящем серой.

Неспасенные души в Гадесе чувствуют угрызения совести

В Евангелии от Луки, 16:27-30, богач не верил в существование ада, но после смерти понял, как был глуп и, находясь в огненных муках, почувствовал раскаяние. Богач попросил Авраама послать Лазаря к его братьям для того, чтобы они не попали в ад:

«Так прошу тебя, отче, пошли его в дом отца моего, ибо у меня пять братьев; пусть он засвидетельствует им, чтобы и они не пришли в это место мучения... но если кто из мертвых придет к ним, покаются».

Что сказал бы своим братьям богач, если бы ему предоставили возможность поговорить с ними лично? Наверняка он предупредил бы их: «Мне совершенно точно известно, что существует ад. Проверьте себя: живете ли вы по Слову Божьему, не направляетесь ли вы в ад - место, где волосы встают дыбом от ужаса?».

Пребывая в бесконечной агонии от жгучей боли и страданий, богач искренне хотел спасти своих братьев от ада, и нет сомнения в том, что у него было относительно доброе сердце. Что можно сказать о современных людях?

Однажды Бог показал мне супружескую пару, страдающую в аду, потому что они предали Бога и оставили церковь. В аду они обвиняли, проклинали, ненавидели друг друга. И каждому хотелось, чтобы не он, а другой испытал больше мучений.

Богач желал, чтобы его братья спаслись, потому что в его сердце нашлось хоть немного доброты. И тем не менее, богач был ввержен в ад. И еще, не следует забывать, что нельзя получить спасение, только говоря: «Я верю». Человек должен умереть.

После смерти он попадет или на Небеса, или в ад. Поэтому не будьте неразумны, становитесь истинными верующими.

Мудрый человек готовит себя к загробной жизни

Мудрый человек правильно готовится к жизни после смерти, в то время как большинство людей тяжело работает, чтобы приобрести уважение, силу, богатство, процветание и долголетие в этом мире.

В соответствии с Божьим Словом, мудрые готовят себе богатства на Небесах, так как очень хорошо знают, что человек ничего не возьмет с собой в могилу.

Вы, возможно, слышали свидетельства некоторых людей, кто, оказавшись на Небесах, не смог найти там свое жилище, хотя они, вероятно, верили в Бога и жили во Христе. У вас будет большой и красивый дом на Небесах, если вы усердно копите небесные богатства и живете в этом мире как истинно Божье дитя!

Вы по-настоящему благословенны и мудры, если изо всех сил стремитесь укрепляться в вере, чтобы войти в прекрасные Небеса. Вы верой сохраняете там свою награду, готовя себя как Невесту Господа, Который очень скоро вернется.

Умерев, человек не может вернуть свою жизнь. Поэтому, пожалуйста, имейте веру и знайте, что Небеса и ад *существуют*. Зная, что неспасенные души испытывают огромные муки в аду, возвещайте о Небесах и аде всем, кого вы встречаете. Представьте, как вы этим угодите Богу!

Те, кто провозглашают Божью любовь, желая вывести людей на путь спасения, будут благословенны в этой жизни и будут сиять подобно солнцу на Небесах.

Надеюсь, вы уверуете в Живого Бога, который судит

АД

и вознаграждает, и постараетесь стать истинным чадом Божьим. Именем Господа я благословляю вас привести к Богу и ко спасению многих людей и этим доставить радость Богу.

Глава 2

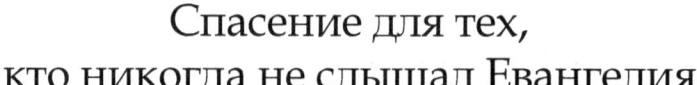

Спасение для тех, кто никогда не слышал Евангелия

Отдав на распятие Своего единственного Сына, Иисуса Христа, ради спасения всего человечества, Бог доказал Свою любовь к нам.

Родители любят своих маленьких детей. Мамам и папам хочется, чтобы малыши, став взрослыми, понимали родительское сердце и делили с ними радости и горести. Бог хочет, чтобы все люди спаслись.

Кроме того, Бог желает, чтобы его дети стали зрелыми в вере и познали сердце Бога Отца, разделяя с Ним Его глубокую любовь. Вот почему в Первом послании к Тимофею, 2:4, апостол Павел пишет, что Бог *«хочет, чтобы все люди спаслись и достигли познания истины»*.

Знайте, что Бог подробно показывает ад и духовный мир потому, что, любя всех, Он хочет, чтобы все люди получили спасение и укрепились в вере. В этой главе я подробно расскажу, можно ли спастись тем, кто умер, не познав Иисуса Христа.

Суд совести

Многие люди, которые не верят в Бога, по крайней мере, знают о существовании Небес и ада. Но они не могут попасть на Небеса только потому, что они это знают. Иисус говорит нам в Евангелии от Иоанна, 14:6: *«Я есмь путь и истина и жизнь; никто не приходит к Отцу, как только через Меня»*. Поэтому только верой в Иисуса Христа можно обрести спасение и попасть на Небеса.

Как именно мы можем обрести спасение? В Послании к Римлянам, 10:9-10, апостол Павел показывает нам путь ко спасению:

«Ибо если устами твоими будешь исповедовать Иисуса Господом и сердцем твоим веровать, что Бог воскресил Его из мертвых, то спасешься; потому что сердцем веруют к праведности, а устами исповедуют ко спасению».

Люди, не знающие Иисуса Христа, не могут сказать, что Иисус есть Господь. Они не принимают Иисуса Христа своим сердцем. Правда ли то, что такие люди не могут спастись?

В мире жили люди до того, как на землю пришел Христос. Даже во времена Нового Завета люди умирали, не успев услышать Евангелия. Обретут ли они спасение?

Какова судьба тех, кто умер, не успев повзрослеть и уверовать? А как же дети, не родившиеся из-за абортов или выкидышей? Должны ли они обязательно попасть в ад, потому что не поверили в Иисуса Христа? Отнюдь нет.

Бог Любви по Своей справедливости открывает дверь спасения каждому человеку через «суд совести».

Те, кто искал Бога и жил по совести

В Послании к Римлянам, 1:20, возвещается, что *«...невидимое Его, вечная сила Его и Божество, от создания мира чрез рассматривание творений видимы, так что они безответны».* Вот почему, видя сотворенный мир, люди с добрым сердцем верят в существование неведомого им Бога.

Согласно Книге Екклесиаста, 3:11, в сердца людей Бог вложил мир. Поэтому благие по своей природе люди ищут Бога и смутно верят в жизнь после смерти. Хороший человек благоговеет пред Небесами и старается вести добрую и праведную жизнь, несмотря на то, что он, возможно, и не слышал Евангелия. Поэтому такие люди в какой-то степени живут по Божьей воле. Будь у них возможность услышать Евангелие, они конечно же приняли бы Господа и вошли на Небеса.

Поэтому Бог позволил благодушным людям оставаться в Верхней могиле до смерти Иисуса на кресте, чтобы потом привести их на Небеса. Затем Бог привел этих людей ко спасению через кровь Иисуса Христа, позволив им услышать Евангелие.

Проповедь Евангелия в Верхней могиле

В Библии говорится, что после Своей смерти на кресте Иисус проповедовал в Верхней могиле.

Как сказано в Первом послании Петра, 3:18-19: *«Потому что и Христос, чтобы привести нас к Богу, однажды пострадал за грехи наши, праведник за неправедных, быв умерщвлен по плоти, но ожив духом,*

Которым Он и находящимся в темнице духам, сошед, проповедал». Иисус возвестил Благую Весть душам в Верхней могиле для того, чтобы через Его кровь и они могли спастись.

Слушая Евангелие, люди, не знавшие о нем при жизни, наконец-то обрели возможность понять, кем являлся Иисус Христос, и получить спасение.

Кроме Иисуса Христа Бог не дал нам другого имени, которое привело бы людей ко спасению (Деяния, 4:12). Даже во времена Нового Завета те, у кого не было возможности услышать Благую Весть, спасались судом совести. В течение трех дней они оставались в Верхней могиле, чтобы услышать Евангелие, а затем восходили на Небеса.

Люди с нечистой совестью не ищут Бога и живут во грехе, подчиняясь своим желаниям. Такие, даже слушая Евангелие, не уверуют. После смерти эти люди в качестве наказания отправляются в Гадес и в конечном счете, после Суда Великого Белого Престола, попадают в ад.

Суд совести

Достоверно судить о совестливости кого-либо невозможно, потому что обычным людям не дано знать в точности, каково сердце другого человека. Только Всемогущий Бог видит сердца всех людей и может вынести справедливый приговор.

Суду совести дается толкование в Послании к Римлянам, 2:14-15. Хорошие люди различают добро и зло, потому что их совесть позволяет им знать требования Закона:

«Ибо, когда язычники, не имеющие закона, по природе законное делают, то, не имея закона, они сами себе закон: они показывают, что дело закона у них написано в сердцах, о чем свидетельствует совесть их и мысли их, то обвиняющие, то оправдывающие одна другую...».

Поэтому хорошие люди не встают на путь зла и стремятся в жизни к добру. В результате, они судятся по совести. В Верхней могиле они остаются в течение трех дней, чтобы услышать Евангелие и обрести спасение.

В качестве примера можно привести личность адмирала Ли Суншина, который благодаря своей чистой совести вел добродетельную жизнь. В XVI веке, во время правления династии Чосон, адмирал Ли был главнокомандующим военно-морскими силами Кореи. Адмирал Ли жил в истине, хотя и не знал Иисуса Христа. Он всегда был предан своему императору, своей стране и людям, которых он защищал. Адмирал хорошо, по-доброму относился к своим родителям и любил своих братьев. Он никогда не ставил свои собственные интересы превыше интересов других людей и не стремился к почестям, власти или богатству. Адмирал служил, жертвуя собой ради своих ближних и всего народа.

Вы не найдете в его сердце ни толики зла. Адмирала Ли отправили в ссылку по несправедливому обвинению, но он не предъявлял претензий и не намеревался отомстить своим врагам. Он не роптал даже тогда, когда император, отправивший его в изгнание, снова приказал ему идти в бой. Адмирал от всего сердца поблагодарил императора и снова, с риском для собственной жизни, принял участие в сражении, прекрасно руководя действиями армии. Он находил время, чтобы на коленях помолиться своему богу, потому что признавал его существование. Есть ли причина, по которой Бог не допустил бы его на Небеса?

Освобожденные от суда совести

Подлежат ли суду совести люди, которые слышали Евангелие, но не уверовали в Бога?

Члены вашей семьи не могут судиться судом совести, если, услышав Благую Весть, они не приняли ее. По-справедливости, они не должны обрести спасения, раз они отвергли Евангелия, хотя у них было много возможностей узнать о нем от вас.

Однако, если даже люди настолько порочны, что неминуемо должны попасть в ад, вы должны старательно проповедовать им Евангелие, чтобы предоставить им больше возможностей для спасения.

Долг каждого чада Божьего – проповедовать Евангелие. В Судный День Бог спросит вас, свидетельствовали ли вы своей семье, родителям, родным братьям и родственникам: «Почему вы не проповедовали Евангелие своим родителям и братьям?», «Почему вы не евангелизировали своих детей?», «Почему вы не проповедовали Евангелие своим друзьям?».

Поэтому, если вы действительно понимаете любовь Бога, который пожертвовал для вас Своим единственным Сыном, любите Господа, который умер на кресте ради всех нас, то вам следует распространять Благую Весть изо дня в день.

«Жажду», – стенал Господь, страдая на кресте. Спасти

как можно больше людей - самый лучший способ утолить Его жажду и воздать Ему за Его страдания.

Младенцы, не родившиеся вследствие аборта или выкидыша

Какова судьба детей, умерших вследствие выкидыша? Предначертание души человека, в том числе и младенца, - отправиться либо на Небеса, либо в ад, потому что душа не уничтожается.

Дух дается человеку через пять месяцев после зачатия

Когда зародыш обретает дух? До шести месяцев беременности у зародыша еще нет духа.

Согласно медицинской науке, спустя пять месяцев после зачатия у плода формируются органы слуха, зрения, появляются веки. Лобные доли, которые активизируют функцию головного мозга, также формируются спустя пять – шесть месяцев после зачатия.

Когда зародышу исполняется шесть месяцев, он получает дух и уже имеет человеческие очертания. Зародыш не попадает ни в ад, ни на Небеса, если его жизнь прерывается прежде, чем он обрел дух. Без духа зародыш человека ничем не отличается от животного.

У Екклесиаста, 3:21, говорится: *«Кто знает: дух сынов человеческих восходит ли вверх, и дух животных сходит ли вниз, в землю?»*. «Дух сынов человеческих» указывает на то, что по побуждению своей души, данной Богом, человек ищет лика Божьего, думает о Нем и повинуется Божьему Слову. «Дух животных» относится только к душе, то есть к субстанции, которая заставляет существо мыслить и действовать.

Когда животное умирает, оно перестает существовать, потому что у него есть только душа, но нет духа. Зародыш младше пяти месяцев не имеет духа. Поэтому если он умирает, то его угасание похоже на то, что происходит с животным.

Аборт – такой же грех, как и убийство

Если зародыш до пяти месяцев не имеет духа, то, может быть, прерывание беременности на этом сроке не является грехом? Лишение зародыша жизни, независимо от того, получил он дух или еще нет, является грехом, потому что только Бог властен над человеческой жизнью.

Автор Псалма, 138:15-16, написал: *«Не сокрыты были от Тебя кости мои, когда я созидаем был в тайне, образуем был во глубине утробы. Зародыш мой видели очи Твои; в Твоей книге записаны все дни, для меня назначенные, когда ни одного из них еще не было».*

Бог Любви знал каждого из нас еще прежде, чем мы сформировались в утробе своей матери. Относительно каждого из нас Он имеет настолько замечательные идеи и планы, что они даже вписаны в Его книгу. Вот почему человек, просто Божье творение, не может быть властен над жизнью зародыша, даже если тому меньше пяти месяцев.

Прерывание беременности является убийством, потому что это посягательство на власть Бога, который повелевает жизнью, смертью, благословением и проклятием. Кроме того, как вы можете, убивая собственного сына или дочь, считать это «малым грехом»?

Неизбежное возмездие и испытания

Ни при каких обстоятельствах и независимо от того, насколько вам тяжело живется, никогда не следует посягать на власть Бога над человеческой жизнью. Это неправильно - прерывать жизнь своего ребенка для того, чтобы не лишиться удовольствий. Вы должны понять, что вы будете пожинать то, что посеяли, и обязательно заплатите за содеянное.

Еще страшнее прервать жизнь плода после шести месяцев беременности. Это приравнивается к убийству взрослого человека, потому что зародыш уже получил дух.

Аборт возводит огромную стену греха между вами и Богом. В результате вы начинаете испытывать боль, вызванную различными испытаниями и проблемами. Постепенно, из-за стены греха, вы отдаляетесь от Бога. И в конечном счете, если вы не решите проблему греха, вы отойдете настолько далеко, что уже невозможно будет вернуться.

Даже неверующие будут наказаны и испытают на себе скорби и невзгоды, если умертвят плод, так как это - убийство. Испытания и скорби всегда будут сопровождать таких людей, так как Бог отворачивается от них и, пока они не разрушат стену греха, Он не может их защищать.

Покайтесь полностью в своих грехах и разрушьте стену греха

Бог даровал Свои заповеди не для того, чтобы обвинить, а чтобы явить людям Свою волю, привести их к покаянию и спасению.

Бог также позволяет вам понять все, что связано с абортом, чтобы вы не совершали этот грех и смогли уничтожить стену греха, покаявшись в своих прошлых грехах.

Если в прошлом вы прервали жизнь своего ребенка, убедитесь, что вы полностью раскаялись в содеянном и разрушили стену греха, сделав мирные пожертвования. Тогда испытания и скорбь уйдут, поскольку Бог больше не будет вспоминать ваши грехи.

Последствия искусственного прерывания беременности различны в разных случаях. Например, если вы совершили аборт, потому что забеременели в результате изнасилования, ваш грех относительно мал. Если супружеская пара прервала жизнь своего нежеланного ребенка, их грех более страшен.

Если вам по какой-то причине не хочется иметь ребенка, вы должны в молитве поручить находящееся в утробе дитя Богу. Если Бог не поступает в соответствии с вашей молитвой, вам следует родить этого ребенка.

Большинство младенцев, жизнь которых была прервана, спасены, но есть исключения

Спустя шесть месяцев после зачатия, зародыш еще не может мыслить, понимать или во что-то верить, несмотря на то, что он уже наделен духом. Таким образом, Бог спасает большинство погибающих зародышей, независимо от их веры или веры их родителей.

Обратите внимание на мои слова «большинство» — но не «все». В некоторых случаях зародыш может и не получить спасения.

Если его родители или прародители серьезно грешили, выступали против Бога, то их ребенок в момент зачатия наследует их греховную природу. В этом случае зародыш не может обрести спасения.

Например, это может быть ребенок колдуна или нечестивых родителей, которые проклинали других людей и желали им только зла. Подобно Чан Хибин из корейской истории. У правившего в конце XVII столетия императора Сукчона была наложница по имени Хибин. Из ревности она прокляла законную супругу императора, проткнув ее портрет стрелами. Дети таких злых родителей не могут спастись, так как они унаследовали их злую природу.

Среди тех, кто утверждает, что они верующие, тоже встречаются довольно злые люди. Они противостоят делам Святого Духа, хулят Его и мешают Его проявлению. Из чувства ревности такие люди стараются уничтожить тех, кто прославляет Божье имя. Дети таких родителей, в случае искусственного прерывания беременности, не могут обрести спасения.

За исключением этих редких случаев, большинство младенцев спасется. Однако, поскольку они не развивались на земле, они не могут взойти на Небеса или даже в Рай. Эти дети останутся в Верхней могиле даже после того, как произойдет Суд Великого Белого Престола.

Вечное Место для спасенных неродившихся младенцев

Находящиеся в Верхней могиле зародыши, чья жизнь была прервана до или после шести месяцев беременности, очень похожи на чистый лист бумаги, так как они не жили и не развивались на земле. Поэтому они остаются в Верхней могиле, и когда произойдет воскресение мертвых, они облекутся в тело, подходящее для их душ.

Они облекутся в изменяющееся и развивающееся тело, тогда как другие спасенные люди обретут духовное и постоянное тело. Поэтому, хотя они поначалу и обладали обликом детей, они будут расти, пока не достигнут определенной стадии развития.

Даже после того как они станут взрослыми, эти дети останутся в Верхней могиле, наполняя свои души познанием истины. Если вы вспомните о первоначальном состоянии Адама в Эдемском саду и процессе его развития, то легко это поймете.

Когда Адам создавался как человек, он состоял из духа, души и тела. Его тело отличалось от духовного, возрождаемого тела, а его душа была подобна душе новорожденного ребенка. Поэтому Бог даровал Адаму духовные знания и проводил с ним так много времени. Вам следует знать, что в Адаме, сотворенном в Эдемском саду, не было зла.

Души же в Верхней могиле не настолько чисты, насколько в свое время была чиста душа Адама, потому что они уже унаследовали греховную природу своих родителей, которые проходили через человеческое развитие многие поколения.

Начиная с грехопадения, все потомки Адама наследовали от своих родителей первородный грех.

Дети до пятилетнего возраста

Как спасаются дети до пятилетнего возраста, которые еще не в состоянии различать добро и зло и не понимают, что такое вера? Спасение детей этого возраста зависит от веры их родителей, особенно матери.

Ребенок может получить спасение, если его родители имеют спасительную веру и воспитывают ребенка в вере (1-е посл. к Коринфянам, 7:14). Неправда, что ребенок, чьи родители не были верующими, не получит спасения. И в этом мы видим проявление Божьей любви.

В двадцать пятой главе Бытия написано, что Бог знал еще тогда, когда братья боролись в утробе своей матери, что Иаков в будущем превзойдет своего старшего брата Исава. Всех детей, которые умирают в возрасте до пяти лет, Всеведущий Бог ведет ко спасению через суд совести. Потому что Богу известно, что они приняли бы Господа, дожив до того возраста, когда могли бы это сделать, если бы услышали Евангелие.

Тем не менее дети, чьи родители не имеют веры и не проходят суда совести, также неизбежно попадают в Гадес, принадлежащий аду, и будут там испытывать мучения.

Суд совести и вера родителей

Таким образом, спасение детей очень зависит от веры их родителей. Поэтому родителям следует воспитывать их согласно Божьей воле так, чтобы дети не попали в ад. Как-то давно у одной бездетной супружеской пары по молитве обетования родился ребенок.

Однако этот ребенок погиб в дорожном происшествии.

Молясь, я понял причину гибели ребенка. Это произошло потому, что вера его родителей охладела, и они отдалились от Бога.

Ребенок не мог ходить в церковный детский сад, потому что его родители вернулись к мирскому образу жизни. Соответственно, ребенок начал петь светские песни вместо песен прославления Бога. К этому времени у ребенка могла бы быть вера для спасения, но он не спасся бы, так как находился бы под влиянием своих родителей.

Зная это, во время дорожного происшествия Бог призвал этого ребенка к вечной жизни и дал его родителям возможность раскаяться. Если бы родители раскаялись и вернулись к Богу прежде, чем увидели страшную смерть своего ребенка, Ему бы не пришлось принимать таких мер.

Ответственность родителей за духовный рост детей

Вера родителей имеет прямое влияние на спасение их детей. Дети не смогут возрастать в вере, если родителей не будет беспокоить их духовный рост или они считают, что этим должна заниматься только воскресная школа.

Родители должны молиться о своих детях, убедиться в том, что они поклоняются Богу в духе и истине в сердце, учить их вести молитвенную жизнь, являясь для них достойным примером.

Я призываю всех родителей к духовному пробуждению и воспитанию своих бесценных детей в Господа. Я молюсь, чтобы вся семья могла радоваться в вечности на Небесах.

Дети от шести лет до подросткового возраста

Как спасаются дети от шести до двенадцати лет? В этом возрасте дети, услышав Евангелие, уже в состоянии понять его.

В соответствии с собственной волей и разумом, они, если и не полностью осознанно, до определенной степени также способны решать во что им верить.

Конечно же названный нами возраст детей может варьироваться в каждом конкретном случае, потому что дети по-разному растут, развиваются и созревают. Но главное в том, что обычно к этому возрасту дети в состоянии уверовать в Бога по собственной воле и разумению.

Согласно их собственной вере, независимо от веры их родителей

Дети между шестью и двенадцатью годами обладают здравым смыслом и способны выбрать веру. Поэтому они могут получить спасение по вере, независимо от веры их родителей.

Таким образом, ваши дети могут попасть в ад только в том случае, если, имея даже сильную веру, вы не воспитываете в вере своих детей. Детям неверующих родителей труднее получить спасение.

Причина, по которой я провожу разницу в спасении детей до и после наступления половой зрелости, заключается в том, что Бог, руководствуясь переполняющей его любовью, может применить суд совести к этим детям.

Этим детям Бог может дать еще одну возможность для того, чтобы они получили спасение, потому что дети не всегда способны полностью разобраться в таких вопросах по собственным воле и разуму, так как они все еще находятся под влиянием своих родителей.

Услышав Евангелие, хорошие дети принимают Господа. Они ходят в церковь, но позднее не в состоянии этого делать из-за преследования со стороны своих родителей, которые поклоняются идолам. Однако в ранние подростковые годы они сами, независимо от намерения родителей, могут выбирать между добром и злом. Если они истинно верят в Бога, то способны поддерживать в себе веру, независимо от того, насколько сильны противостояние с родителями и запреты с их стороны.

Предположим, что ребенок, который, возможно, имел бы глубокую веру, если бы жил дольше, умирает в юном возрасте. Что произойдет с ним? Бог направит его ко спасению в соответствии с законом суда совести, потому что Он знает всю глубину сердца этого ребенка.

Однако если дети не принимают Господа и не предстают пред судом совести, у них больше не будет такой возможности, и они неизбежно попадут в ад. Очевидно, что спасение людей, достигших половой зрелости, зависит исключительно от их собственной веры.

Дети, рожденные в плохой среде

Спасение ребенка, не умеющего рассуждать логически и здраво, в значительной степени зависит от духа (природы, энергии или силы) его родителей и прародителей.

Ребенок может родиться с умственным расстройством

или, из-за греховности и идолопоклонства родственников, с самых ранних лет жизни быть одержимым демонами. Это случается потому, что родители и прародители оказывают влияние на будущие поколения.

В этой связи, Второзаконие, 5:9-10, наставляет нас:

«Не поклоняйся им и не служи им; ибо Я Господь, Бог твой, Бог ревнитель, за вину отцов наказывающий детей до третьего и четвертого рода, ненавидящих Меня, и творящий милость до тысячи родов любящим Меня и соблюдающим заповеди Мои».

В Первом послании к Коринфянам, 7:14, также написано: *«Ибо неверующий муж освящается женою (верующею), и жена неверующая освящается мужем (верующим); иначе дети ваши были бы нечисты, а теперь святы».*

Детям очень трудно получить спасение, если их родители не живут в вере. Но Бог - это Любовь.

Поэтому Он не отворачивается от тех, кто призывает Его имя, даже если они унаследовали при рождении злую природу своих родителей и прародителей. Они могут придти к спасению, и Бог ответит на их молитвы, если они раскаются, будут стараться всегда жить по Его Слову и настойчиво призывать Его имя.

В Послании к Евреям, 11:6, говорится, что *«без веры угодить Богу невозможно; ибо надобно, чтобы приходящий к Богу веровал, что Он есть, и ищущим Его воздает».*

Даже если люди от рождения имеют злую природу,

Бог может изменить ее и привести их на Небеса, если они порадуют Его добрыми делами и жертвами во имя веры.

Те, кто не в состоянии самостоятельно искать Бога

Некоторые люди не в состоянии искать Бога с верой, так как нездоровы умственно, или одержимы злыми духами. Как им обрести спасение?

В таком случае вместо них силу своей веры в Бога должны показать родители или члены семьи. Тогда, видя веру и искренность близких, Бог Любви откроет перед ними дверь спасения.

На родителях будет лежать вина за судьбу ребенка, если он умирает прежде, чем у него появилась возможность получить спасение. Поэтому я умоляю вас понять, как важно жить в вере – не только для самих родителей, но также и для будущих поколений.

Вы также должны понять сердце Бога, для Которого одна душа ценнее целого мира. Я призываю вас с верой любить и заботиться не только о своих детях, но и о детях ваших близких и родственников.

Были ли спасены Адам и Ева?

Адам и Ева были изгнаны из Эдемского сада после того, как они, ослушавшись, вкусили от дерева познания добра и зла. Они никогда не слышали Евангелия. Были ли они спасены? Мне бы хотелось объяснить, получили ли спасение первые люди, Адам и Ева.

Адам и Ева не повиновались Богу

В начале Бог сотворил первочеловека Адама и его жену Еву по Своему образу и подобию. Он очень любил этих людей. Бог заранее подготовил все таким образом, чтобы они могли жить в Эдемском саду в изобилии, ни в чем не испытывая недостатка.

Бог дал Адаму великую силу и власть управлять всем во Вселенной. Адам властвовал над живыми существами на земле, на небе и под водой. Враг - дьявол и сатана не смели проникнуть в Сад, потому что он, Адам, охранял его.

Общаясь с первыми людьми, Бог Сам давал им духовные знания с добротой, присущей отцу, обучающему любимых детей всему – от А до Я. Адам и Ева ни в чем не испытывали недостатка, однако их соблазнил хитрый змей, и они вкусили запретный плод.

Они навлекли на себя смерть в соответствии с Божьим Словом, где сказано, что «смертию умрешь» (Бытие, 2:17). Другими словами, хотя они были живы, дух их умер. В результате, люди были изгнаны из прекрасного Эдемского сада на землю. Человечество начало развиваться на земле, на которой на всем лежало проклятие.

Были ли спасены Адам и Ева? Некоторые считают, что они не могли получить спасения, потому что их непослушание привело к проклятию всего мира и страданиям будущих поколений. Тем не менее, любящий Бог оставил дверь спасения открытой даже для них.

Полное покаяние Адама и Евы

Когда вы искренне раскаиваетесь и возвращаетесь к

Нему, Бог прощает вас, невзирая на первородный грех и другие пригрешения, которые вы совершили, живя в мире, полном тьмы и зла. Бог прощает даже убийцу, если в глубине своей души он раскаивается и возвращается к Нему.

По сравнению с современными людьми, Адам и Ева обладали истинно чистыми и хорошими сердцами. Кроме того, в течение длительного периода времени Сам Бог с любовью учил их истине. Как мог Бог послать их в ад, не дав прощения, если они раскаялись от всего сердца?

Адам и Ева много страдали на земле. Прежде они жили мирно в Эдемском саду и во всякое время могли есть любые фрукты. Теперь пища им доставалась тяжелым трудом. Ева в муках рожала детей. Адам и Ева проливали слезы, страдая от горя, которое они познали в результате своего грехопадения. Они также стали свидетелями того, как один из их сыновей убил другого.

Сколь же велика была их тоска по жизни в Эдемском саду под защитой Бога, по Его любви, после того как в этом мире им пришлось столкнуться с такими страшными мучениями! Живя в Саду, люди не понимали своего счастья и не были благодарны Богу, потому свою жизнь, изобилие и Божью любовь принимали как должное.

Однако потом люди поняли, насколько они тогда были счастливы, и начали благодарить Бога за щедрую любовь, которую Он им дал. Они полностью раскаялись в своих прошлых грехах.

Бог открыл для них дверь спасения

Возмездие за грех – смерть, но Бог, управляющий нами с

любовью, справедливо, прощает грех, если люди полностью раскаиваются.

После их покаяния Бог любви позволил Адаму и Еве взойти на Небеса. Однако они обрели такое спасение, которое позволяет им быть только в Раю, потому что Бог справедлив. Их грех – предательство великой Божьей любви – не был легким проступком. Адам и Ева из-за своего неповиновения понесли ответственность за развитие человечества, за страдание, боль и смерть их потомков.

Даже если Божье провидение позволило Адаму и Еве вкусить от дерева познания добра и зла, именно это непослушание принесло несчетному числу людей страдания и смерть.

Поэтому на Небесах Адам и Ева не могли попасть в место, более лучшее, чем Рай, и, конечно, не могли получить награды.

Бог действует с любовью и справедливостью

Давайте рассмотрим Божью любовь и справедливость на примере апостола Павла.

Апостол Павел совершал гонения на верующих в Иисуса Христа и бросал их в темницу, пока сам не встретился с Иисусом. Когда Стефана предавали мученической смерти за свидетельство о Господе, Павел наблюдал, как его до смерти забивали камнями, и считал это правильным.

Однажды на пути в Дамаск Павел встретил Господа и принял Его. Тогда Бог сказал ему, что он будет апостолом для язычников и ему придется немало пострадать. С тех пор апостол Павел полностью раскаялся и пожертвовал ради Господа своей жизнью. Он был достоин Нового Иерусалима, потому что, несмотря на великие страдания, с радостью выполнил свою миссию и проявил верность тем, что отдал свою жизнь за Господа.

Это закон природы: что посеешь, то пожнешь. Так же происходит и в духовном мире. Вы пожнете добро, если сеяли добро, и соберете зло, если сеяли зло. На примере Павла можно видеть, что следует хранить свое сердце, бодрствовать и помнить, что прошлые злые поступки принесут испытания, даже если вы искренне в них раскаялись и обрели прощение.

Что произошло с первым убийцей, Каином?

Что произошло с первым убийцей, Каином, который умер, так и не услышав Евангелия? Давайте, разберемся, был ли он спасен по суду совести.

Дары Богу братьев Каина и Авеля

После того как Адам и Ева были изгнаны из Эдемского сада, у них родились дети. Каин был их первенцем, и у него был младший брат – Авель. Когда они повзрослели, они совершили жертвоприношения Богу. Каин предложил выращенные им на земле плоды, а Авель принес тучные куски мяса нескольких первенцев из своего стада.

Бог милостиво принял жертвоприношение Авеля, но отверг дары Каина. Почему Бог одобрил Авеля и его приношение?

Нельзя делать приношение Богу против Его воли. Согласно Закону духовного мира, через жертвоприношение и кровь жертвы происходит прощение грехов.

Поэтому в ветхозаветные времена люди приносили в жертву волов и ягнят. В период Нового Завета Иисус Христос, Агнец Божий, пролив свою кровь, стал искупительной жертвой.

Только тогда, когда мы поклоняемся Богу через жертвенную кровь Агнца, Бог принимает нас, отвечает на наши молитвы и благословляет нас. Духовное жертвоприношение состоит в поклонении Богу в духе и истине. Если вы дремлете на собрании, вполуха слушая проповедь, Бог не принимает вашего поклонения.

Бог одобрил только Авеля и его приношение

Адам и Ева очень хорошо знали духовный Закон о принесении жертвы. Бог научил их этому в Эдемском саду, когда общался с ними. Конечно же они объяснили своим детям, какую жертву следует приносить Богу.

Следуя наставлениям своих родителей, Авель поклонялся Богу, проливая жертвенную кровь. А Каин, по собственному усмотрению, принес в дар Богу не жертву, а плоды земли.

Об этом написано в Послании к Евреям, 11:4: *«Верою Авель принес Богу жертву лучшую, нежели Каин; ею получил свидетельство, что он праведен, как засвидетельствовал Бог о дарах его; ею он и по смерти говорит еще».*

Бог принял приношение Авеля, потому что он совершил служение Богу, покорившись Его воле. Но Он отверг дар

Каина, потому что тот поклонился Ему не в духе, а по стандартам, придуманным им самим.

Каин из зависти убивает Авеля

Каин был очень зол и удручен, увидев, что Бог принял дары его брата, а его - нет. Он напал на Авеля и убил его. В первом же поколении людей, появившихся на земле, неповиновение породило зависть, зависть породила жадность и ненависть, а жадность и ненависть привели к убийству. И это было ужасно!

Вы видите, если допустить грех в сердце, он расцветает в нем очень быстро. Поэтому не дозволяйте греху проникнуть в ваше сердце, немедленно избавляйтесь от него.

Что произошло с первым убийцей, Каином? Некоторые утверждают, что Каин не мог получить спасения, потому что убил своего праведного брата Авеля.

О Боге Каин узнал от своих родителей. В дни Каина, в отличие от современного времени, первородный грех, наследуемый людьми от своих родителей, был относительно не тяжелым. Несмотря на то, что Каин убил своего брата в приступе зависти, изначально совесть его была чиста.

Поэтому, даже будучи убийцей, Каин, наказанный Богом, раскаялся, и Бог проявил к нему милость.

Спасение Каина после полного покаяния

В Бытии, 4:13-15, сказано, что, когда Каин был проклят и начал скитаться по земле, он обратился к Богу со словами о том, что наказание его слишком тяжелое, и попросил о снисхождении. Бог ответил ему: *«Зато всякому, кто убьет Каина, отмстится всемеро»* и дал Каину знамение, чтобы никто не мог лишить его жизни.

Из этого ясно, что Каин полностью раскаялся в убийстве своего брата. Только тогда у него появилась возможность общаться с Богом. В знак Своего прощения Он дал ему знамение. Если бы Каин был безнадежным и должен был неминуемо отправиться в ад, то, во-первых, почему Бог услышал его просьбу и к тому же еще дал ему знамение?

В наказание за убийство своего брата Каин должен был стать скитальцем на земле, но в конечном итоге был спасен. Как и в случае с Адамом, Каину было разрешено жить на краю Рая, но никак не в его центре.

Несмотря на его покаяние, Бог справедливости не мог позволить Каину войти в лучшее место на Небесах, за пределами Рая. Живя в относительно чистом, не столь греховном веке, Каин тем не менее был человеком нечестивым, поскольку убил своего собственного брата.

Каин, возможно, и обрел бы лучшее место на Небесах, если бы преобразил свое злое сердце в доброе и сделал бы все возможное, чтобы угодить Богу. Но совесть Каина оказалась не настолько доброй и чистой.

Почему Бог сразу не наказывает злых людей?

Живя в вере, вы можете задаваться различными вопросами. Некоторые люди довольно порочны, но Бог не наказывает их. От их зла страдают или даже умирают другие люди. Некоторые люди умирают молодыми, несмотря на то, что были очень верны Богу.

Например, царь Саул был настолько нечестив сердцем, что хотел уничтожить Давида, зная, что Бог помазал его на царство. И тем не менее Бог не наказал царя Саула. В результате, Саул стал преследовать Давида еще больше.

Таков пример провидения Божьей любви. Бог хотел обучить Давида и сделать его большим сосудом, чтобы наконец тот стал царем вместо злого Саула. Вот почему царь Саул умер, когда Божье воспитание Давида подошло к концу.

Бог либо сразу наказывает людей, либо позволяет им жить безнаказанно. Во всем проявляются провидение и Божья любовь.

Стремитесь к лучшим обителям на Небесах

Иисус сказал: *«Я есмь воскресение и жизнь; верующий в Меня, если и умрет, оживет; и всякий живущий и верующий в Меня не умрет вовек. Веришь ли сему?»* (От Иоанна, 11:25-26).

Люди, получившие спасение через Евангелие, обязательно воскреснут и облекутся в духовные тела, чтобы наслаждаться вечной славой на Небесах. Те, кто будут живы, вознесутся на облаке, чтобы встретить Господа в воздухе, когда Он будет спускаться с Небес. Чем больше вы отображаете Божий образ, тем лучшая обитель предназначена вам на Небесах.

Об этом Иисус рассказывает нам в Евангелии от Матфея, 11:12: *«От дней же Иоанна Крестителя доныне Царство Небесное силою берется, и употребляющие усилие восхищают его»*. Иисус дал нам и другое обетование, когда сказал: *«Ибо приидет Сын Человеческий во славе Отца*

Своего с Ангелами Своими, и тогда воздаст каждому по делам его» (От Матфея, 16:27). В Первом послании к Коринфянам, 15:41, также говорится, что *«иная слава солнца, иная слава луны, иная звезд; и звезда от звезды разнится в славе».*

Нельзя не стремиться к лучшему месту на Небесах. Нужно стараться обрести больше святости и стать более преданными верующими во всем Божьем доме, чтобы вам позволили войти в Новый Иерусалим, где находится Божий Престол. Как земледелец при сборе урожая, Бог обихаживает человека, чтобы как можно больше душ привести в лучшее Небесное Царство.

Чтобы взойти на Небеса, вы должны хорошо знать духовный мир

Люди, которые не познали Бога и Иисуса Христа, вряд ли попадут в Новый Иерусалим, даже несмотря на то, что судом совести они обрели спасение.

Есть люди, которые хоть и слышали Евангелие, все же не имеют ясного понимания провидения о возделывании человечества, сердца Божьего и духовного мира. Они не знают, что Царство Небесное усилием берется, и не имеют надежды на Новый Иерусалим.

Бог говорит нам: *«Будь верен до смерти, и дам тебе венец жизни»* (Откровение, 2:10). Бог обильно вознаградит вас на Небесах согласно тому, что вы посеяли. Эта награда драгоценна, потому что она непреходяща и будет славной навеки.

Если вы помните об этом, вы можете подготовиться, словно прекрасная Невеста Господа, как пять мудрых дев, и достичь полноты духа.

В Первом послании к Фессалоникийцам, 5:23, сказано: *«Сам же Бог мира да освятит вас во всей полноте, и ваш дух и душа и тело во всей целости да сохранится без порока в пришествие Господа нашего Иисуса Христа».*

Поэтому следует усердно готовиться, словно Невеста Господа, достигать полноты духа до того, как возвратится Господь Иисус Христос, или Бог призовет вас к Себе.

Недостаточно только участвовать в воскресном богослужении и исповедовать веру на словах. Следует искоренять в себе всякого рода зло и проявлять верность Божьему дому. Чем больше вы угождаете Богу, тем лучшая обитель вас ожидает на Небесах.

Я призываю вас, применяя знание этого, становиться истинными детьми Божьими. Благословляю вас именем Господа не только ходить с Господом здесь, на земле, но и вечно жить возле Божьего Престола на Небесах.

Глава 3

Гадес и определение посланцев ада

Каждый год, во время сбора урожая, земледельцы с радостью ожидают хорошего зерна. Однако невозможно всегда собирать только высококачественную пшеницу даже притом, что люди упорно, день и ночь, работают, удобряя, пропалывая и ухаживая за растениями. При сборе урожая обязательно будут второсортные, третьесортные культуры и даже сорная трава.

Люди не употребляют в пищу сорную траву. Кроме того, сорняки нельзя собирать вместе с пшеницей, потому что сорная трава ее испортит. Вот почему земледелец собирает сорняки и сжигает их или использует в качестве удобрения.

То же самое в отношении возделывания человечества на земле, которым занимается Бог. Он ищет истинных детей, носящих в себе святой и совершенный Божий образ. Однако встречаются и те, кто не избавляется от своих грехов или, забыв о долге пред Творцом, полностью находятся под властью зла. Бог желает обрести святых и истинных детей, но Он также собирает на Небесах тех, кто, стараясь жить в вере, умер до того, как полностью избавился от своих грехов.

Несмотря на то, что первоначально Бог хотел воспитать

и собрать только истинных своих детей, Он не направляет людей в ад. Если у них есть вера хотя бы с горчичное зерно, она позволяет им спастись кровью Иисуса Христа. Но кто не верит в Иисуса Христа и упорствует в противостоянии Богу, тем не остается ничего иного, кроме дороги в ад, потому что живущее в них зло толкнуло их на путь разрушения.

Каким образом неспасенные души попадают в Гадес и какое они испытывают там наказание? Я подробно расскажу о Гадесе, относящемся к аду, и о посланцах ада.

Посланцы Ада забирают людей в Гадес

Когда умирает спасенный верующий, появляются два ангела, чтобы привести его к Верхней могиле, принадлежащей Небесам. В Евангелии от Луки, 24:4, мы читаем о двух ангелах, ожидавших Иисуса после Его погребения и воскресения.

Но когда умирают неспасенные, за ними приходят два посланца ада, чтобы отправить их в Гадес. Спасен или не спасен человек, можно узнать по его выражению лица на смертном одре.

Перед самой смертью

Перед смертью у людей открывается духовное зрение. Если человек видит ангелов, облаченных в свет, он умирает мирно, с улыбкой на лице, и его тело не сразу коченеет. Даже спустя два или три дня, его тело не подвержено тлену и не смердит, и кажется, что человек еще жив.

Как, должно быть, страшно неспасенным видеть пришедших за ними посланцев ада? Они умирают в ужасном страхе, будучи не в состоянии закрыть глаза.

Если неясно, спасен человек или нет, ангелы и посланцы ада борются друг с другом, чтобы забрать с собой эту душу. Именно поэтому такой человек проявляет тревогу до самой смерти. Представьте, насколько страшно и тревожно видеть, как посланцы ада обвиняют его, говоря, что «у него нет веры для обретения спасения»?

Когда маловерующий находится на смертном одре, люди с более сильной верой должны помочь ему, путем поклонения и прославления, укрепиться в вере. Уверовав, можно получить спасение, даже находясь на смертном одре, хотя полученное спасение будет бесславным, и человек окажется в вечности только в Раю.

Вы можете видеть, как умирающий человек успокаивается, так как обретает веру для спасения, в то время как окружающие его верующие молятся и прославляют Бога. Когда человек сильной веры находится при смерти, ему не нужно помогать укрепляться в вере или принимать веру. Лучше подарить ему надежду и радость.

Место ожидания перед миром злых духов

Человек даже с очень слабой верой может получить спасение на смертном одре, если верующие молятся рядом с ним, поклоняются Богу и поддерживают в нем веру. Но если он не спасен, посланцы ада забирают его в место ожидания, которое принадлежит Гадесу, где он должен приспособиться к миру злых духов.

Подобно тому, как у спасенных душ есть три дня для адаптации в Верхней могиле, неспасенные души остаются в течение трех дней в месте ожидания, которое напоминает большую яму, в Гадесе.

Три дня адаптации в месте ожидания

Место ожидания в Верхней могиле, где в течение трех дней находятся спасенные души, наполнено ликованием, миром и надеждой на будущую славную жизнь. Но место ожидания в Гадесе является полной тому противоположностью.

Неспасенные души пребывают в состоянии невыносимой боли, получая различные виды наказания, соответствующие их делам в этом мире. В течение трех дней перед приходом в Гадес они готовят себя к жизни в мире злых духов в особом месте ожидания. Эти три дня, проведенные там, являются не мирным отдыхом, а только началом их бесконечных страданий.

Различные виды птиц с большими и острыми клювами устремляются к этим душам и клюют их. Эти птицы – крайне уродливые и отвратительные духовные существа, отличающиеся от птиц нашего мира.

Неспасенные души уже отделены от своих тел, поэтому может показаться, что они не чувствуют никакой боли. Но тем не менее, такие птицы способны доставлять боль, потому что в месте ожидания птицы также являются духовными существами.

Всякий раз, когда птицы клюют людей, их тела разрываются, истекая кровью. Души пытаются избежать нападения птиц, но не могут увернуться. Им остается только бороться и с криками уклоняться от птиц, которые прилетают, чтобы выклевать их глаза.

Различные наказания в Гадесе для разнообразных грехов

После трех дней, проведенных в месте ожидания, неспасенные души, соответственно своим грехам в этом мире, распределяются по различным местам наказания в Гадесе. Небеса очень просторны. Ад также настолько просторен, что в нем встречаются бесчисленные отдаленные места для размещения неспасенных душ. Это относится и к самому Гадесу, хотя он является только частью ада.

Различные места наказания

Гадес представляет собой темное и влажное место, и души могут почувствовать, как шипит воздух от высокой температуры. Неспасенные души постоянно испытывают мучения: их избивают и рвут на части.

В этом мире, если человеку отрезают ногу или руку, он продолжает жить без них. Ваши мучения и боль уйдут, когда наступит смерть. В Гадесе, однако, если человеку отрубили голову, она снова вырастает. Даже если часть тела оторвана, она скоро появится снова. Так же, как нельзя, даже с помощью самого острого меча или ножа, резать воду, так и никакая пытка, разрыв человеческого тела на части не прекратят их мучения.

Глаза человека восстановятся вскоре после того, как птицы склюют их. Даже если человек изранен, его кишки выпущены наружу, он вскоре вновь восстановится. Во время пыток кровь жертвы льется без конца, но человек не может умереть, потому что опять наполняется кровью. Эти ужасающие муки постоянно повторяются.

Именно поэтому там существует река из пролитой в Гадесе крови душ человеческих. Помните, что дух бессмертен. Когда его предают мучениям в вечности, боль духа также длится вечно. Души молят о смерти, но они не могут и им не разрешено умереть. Из-за непрерывных пыток Гадес наполнен людскими криками, стонами и зловонием тлена.

Крики агонии в Гадесе

Я предполагаю, что некоторые из вас непосредственно участвовали в военных действиях. Если нет, то, возможно, видели, как кинематографисты в фильмах, посвященных войне, показывают поле битвы и изображают страдания и боль. Везде раненные. Некоторые из них потеряли ноги или руки. Лица обезображены, везде кровь.

Никто не знает, когда снова раздастся огонь артиллерии. Все кругом в едком дыму после артобстрела, пахнет кровью, раздаются стоны и крики. Подобное зрелище можно назвать адом на земле. Тем не менее, ужасающие сцены мучений в Гадесе намного страшнее самого жестокого сражения на поле боя в этом мире. Души в Гадесе страдают не только от применяемых к ним пыток, но также и от страха.

Мучения невыносимы, и их усилия избежать пыток

напрасны. А дальше их ожидает еще пылающий огонь и горящая сера более глубокого уровня ада.

Как несчастны и жалки души тех, кто, увидев горящую серу ада, будет восклицать: «Надо было поверить, когда я слышал Евангелие, не надо было грешить!..». Тем не менее, у них нет второго шанса и нет никакого пути к спасению.

Люцифер, отвечающий за Гадес

Невозможно до конца представить виды и масштаб наказаний в Гадесе. Подобно тому как в этом мире имеются разные способы пыток, то же самое можно сказать о пытках в Гадесе.

Некоторые жертвы страдают от боли гниющего заживо тела. Другие ощущают, что их тело кто-то грызет и жует, а кровь высасывается различными жуками и насекомыми. Кто-то прижат к раскаленным камням и оставлен стоять на песке, температура которого во много раз выше, чем в самой горячей пустыне этого мира. В некоторых случаях души мучают сами посланцы ада. В других пытках используются вода, огонь и невообразимые для человека орудия истязаний.

Бог Любви не управляет местом, где обитают неспасенные души. Он отдал власть злым духам, и здесь правят они. Глава всех злых духов, Люцифер, руководит Гадесом, где должны оставаться неспасенные души, подобно сорной траве. Здесь нет милосердия или жалости. Люцифер контролирует в Гадесе всё.

Кто такой Люцифер, глава злых духов

Кем является Люцифер? Люцифер был одним из архангелов, которого Бог очень любил и называл «сыном зари» (Кн. пророка Исаии, 14:12). Тем не менее он восстал против Бога и встал во главе злых духов.

Небесные ангелы не имеют человеческой сущности и свободной воли. Поэтому они не могут выбирать в соответствии со своим желанием, и, подобно роботам, им приходится только выполнять команды. Однако некоторым ангелам Бог особенным образом дает человеческую природу и делится с ними любовью. Люцифер, который был одним из таких ангелов, отвечал за музыку Небес. С помощью своего прекрасного голоса и музыкальных инструментов Люцифер восхвалял и прославлял Бога, угождая Ему.

Однако постепенно, видя особую любовь Бога к нему, он исполнился высокомерия и желания стать выше и сильнее Бога, что в конце концов привело его к бунту против Бога.

Вызов Люцифера и его бунт против Бога

В Библии говорится, что за Люцифером последовали очень многие ангелы (2-е посл. Петра, 2:4; Посл. Иуды, 1:6). На Небесах существует несметное число ангелов, и одна треть их присоединилась к Люциферу. Попробуйте представить, сколько ангелов присоединилось к Люциферу.

Высокомерие толкнуло Люцифера на бунт против Бога. Как же получилось так, что многие ангелы пошли за ним? Вы сможете понять это, вспомнив, что, подобно машинам или роботам, ангелы повинуются только командам.

Сначала Люцифер получил поддержку некоторых главных ангелов, которые находились под его влиянием, а затем он легко присоединил подчиненных им ангелов.

За ангелами последовали драконы. К взбунтовавшемуся Люциферу присоединилась и некоторая часть херувимов. Он бросил вызов Богу, но был побежден и вместе со своими последователями сброшен с Небес, где первоначально находился. Они были заточены в преисподней до того, как они стали использоваться для возделывания человечества.

«Как упал ты с неба, денница, сын зари! разбился о землю, попиравший народы. А говорил в сердце своем: „взойду на небо, выше звезд Божиих вознесу престол мой, и сяду на горе в сонме богов, на краю севера; взойду на высоты облачные, буду подобен Всевышнему". Но ты низвержен в ад, в глубины преисподней» (Исаия, 14:12-15).

Когда Люцифер был еще на Небесах, с Богом, он отличался несравненной красотой. Но после бунта он превратился в урода и стал внушать ужас.

Люди, которые видели его духовным зрением, говорят, что он внушает отвращение с первого взгляда. Он выглядит мрачно, с растрепанными, стоящими дыбом волосами, выкрашенными в красный, белый и желтый цвета.

Сегодня Люцифер толкает людей на то, чтобы они подражали ему в одежде и прическе. Танцующие люди выставляют пальцы, кривляются, становятся дикими, шумными и уродливыми.

В современном мире есть тенденции, которые Люцифер создал и сам ими управляет. Они тиражируются средствами массовой информации и искусством. Эти тенденции влияют на эмоции людей и ведут их к хаосу. Более того, это вводит людей в заблуждение, отдаляет от Бога, ведет к отрицанию Бога.

Божьи дети не должны попадать под воздействие мирских влияний. Если вы поддадитесь таким тенденциям, то отдалитесь от Божьей любви, потому что мирская суета поглотит ваши сердце и ум (1-е посл. Иоанна, 2:15).

Демоны делают из Гадеса ужасное место

Бог Любви есть само Добро. Он подготавливает всё для нас, судя по Своей мудрости и справедливости. Ему хочется, чтобы мы в полноте счастья вечно жили в прекрасных Небесах. А Люцифер являет собой само зло. Последователи Люцифера, злые духи, постоянно думают о разных способах мучений, для того чтобы еще сильнее поиздеваться над людьми. Со злобной премудростью они изобретают всевозможные виды пыток, превращая Гадес в еще более страшное место.

И в этом мире, на протяжении всей своей истории, люди изобретали всевозможные методы жестоких пыток. Когда Корея находилась под оккупацией Японии, японцы пытали руководителей Корейского национально-освободительного движения, вонзая им под ногти бамбуковые иглы, вырывая ногти на ногах или руках. В глаза и ноздри повстанцев они заливали смесь красного перца и воды, подвесив их головой вниз. Резкий запах горящей плоти переполнял комнату пыток, потому что японские мучители жгли горячим металлом различные части тела своих жертв. Внутренние органы жертв выпадали из брюшной полости после жестоких избиений.

А как, согласно корейской истории, пытали преступников? Одним из способов пытки являлось скручивание ног. Преступнику связывали ноги в области лодыжек и колен, и затем между петлями вставлялись две палки. Когда палки двигались, кости ног преступника дробились. Вы можете представить себе, насколько это было болезненно?

Люди изобретали настолько жестокие пытки, насколько им подсказывало их воображение. Как же страшны и суровы будут пытки над неспасенными, придуманные злыми духами с их намного более изощренным умом и способностями? Они получают удовольствие от того, что разрабатывают различные методы пыток для неспасенных душ.

Вам следует знать мир злых духов, чтобы вы могли повелевать ими и побеждать их. Вы легко справитесь с ними, если не будете приспосабливаться к правилам этого мира, а будете хранить себя в святости и чистоте.

Определение посланцев ада

Кто эти посланцы ада, которые пытают в Гадесе неспасенных людей? Они являются падшими ангелами, которые до начала возникновения мира последовали за Люцифером во время его бунта:

«И ангелов, не сохранивших своего достоинства, но оставивших свое жилище, соблюдает в вечных узах, под мраком, на суд великого дня» (Посл. Иуды, 1:6).

Падшие ангелы не могут свободно прийти в мир, потому что Бог связал их во мраке до Суда Великого Белого Престола. Существует ошибочное мнение, что демоны – это падшие ангелы. Демонами являются неспасенные души, которые выпущены из Гадеса при особых обстоятельствах для выполнения определенной работы. Я подробно объясню это в восьмой главе.

Ангелы, которые пали вместе с Люцифером

Бог связал падших ангелов во тьме ада до Суда. Таким образом, за исключением особых случаев, падшие ангелы не могут явиться в мир.

Пока они не восстали против Бога и не стали посланцами ада, ангелы были очень красивы. Однако с тех пор, как они пали и были прокляты, посланцы ада утратили свою красоту.

Они выглядят настолько мрачно, что вызывают чувство отвращения. Они напоминают людей, но носят маски различных отвратительных животных.

Их внешний вид подобен нечистым животным, таким, как свиньи, о которых написано в Библии (Левит, 11). Они уродливы и несут на себе проклятие. Они украшают свои тела причудливыми цветными рисунками и татуировками.

Они носят железное оружие и солдатские сапоги. На их телах прочно закреплены острые орудия пыток. Кроме того, в руках посланцы ада часто имеют нож, копье или кнут. Они безраздельно властвуют, потому что во тьме они обладают полнотой силы и власти. Люди очень боятся демонов. Но посланцы ада ужаснее демонов.

Посланцы ада мучают души

Какова роль посланцев ада? Поскольку они – хозяева ада, то их роль, прежде всего, состоит в том, чтобы мучить неспасенные души.

Наиболее тяжкие пытки посланцы ада заготовили для тех, кому предназначено тяжелое наказание в Гадесе. Например, посланцы ада, облекшись в маски уродливых свиней, разрезают тело мучимой души, надувают его как воздушный шар, а потом пинают или хлещут его плетью.

Применяя различные способы, они мучают людей, и даже дети не могут избежать пыток. Посланцы ада издеваются над детьми для собственного развлечения. Зная, каким жестоким местом является ад, как страдают и мучаются там души, вы должны стараться не допустить падения туда хотя бы одной души.

В 1992 году от чрезмерного напряжения и усталости я был на пороге смерти. В тот момент Бог показал мне многих членов моей церкви, которые продолжали вести мирской образ жизни. До того как я увидел это, мне очень хотелось быстрее оказаться с Господом, Но я больше не мог этого желать, потому что понял, что многие мои овцы попадут в ад.

Поэтому я стал просить Бога вернуть меня к жизни. Бог немедленно вернул мне силы, и, к моему удивлению, я поднялся с постели совершенно здоровым. Меня возродила Божья Сила. Поскольку я узнал много про ад, я старательно возвещаю тайны ада, которые открыл мне Бог, в надежде спасти хотя бы еще одну душу.

Бодрствуйте в вере, сделайте все возможное, чтобы и вы, и ваша семья получили спасение. Во имя Господа я

АД

благословляю вас на усердную молитву и провозглашение Евангелия.

Глава 4

Наказания в Гадесе для неспасенных детей

В предыдущей главе я описал, как падший архангел Люцифер возглавляет ад, а другие падшие ангелы действуют под руководством Люцифера. Посланцы ада мучают неспасенные души согласно содеянным ими грехам. В целом, наказания в Гадесе разделены на четыре уровня. Самое легкое наказание отводится людям, которые попадают в ад в результате суда совести. Самому тяжелому наказанию подвергаются люди, чья совесть выжжена словно каленым железом, и те, кто противостоял Богу. Как, скажем, Иуда Искариот, продавший Иисуса ради своей собственной выгоды.

В последующих главах я подробно расскажу о видах наказаний, которым подвергаются неспасенные души в Гадесе, принадлежащем аду. Прежде чем говорить о наказаниях, причиняемых взрослым, я буду обсуждать виды наказаний для неспасенных детей различных возрастных групп.

Зародыши и грудные младенцы

Даже младенец может попасть в Гадес, если греховная природа, унаследованная от неверующих родителей, не позволит ему пройти суд совести. Ребенок получит относительно легкое наказание, потому что его грех, по сравнению с прегрешением взрослого человека, не столь тяжел, но и он все же будет страдать от голода и невыносимой боли.

Грудные младенцы плачут и страдают от голода

Отнятые от груди младенцы, которые еще не способны ходить или говорить, находятся в отдельном просторном месте. Они не умеют думать, двигаться или ходить, потому что у неспасенных младенцев те же способности и то же сознание, которые были в момент их смерти.

Они не понимают, почему находятся в аду, так как их мозг еще не наделен способностью мыслить. Они только, естественно, плачут от голода, не зная своих матерей и отцов. С помощью острого предмета, который напоминает буравчик, посланец ада может проткнуть живот младенца, руку, ногу, глаз, ноготь на руке или ноге. Когда ребенок издает пронзительный крик, посланец ада только смеется над ним. Даже несмотря на то, что они постоянно плачут, никто не заботится об этих младенцах. Они кричат до истощения и боли. Кроме того, посланцы ада иногда собираются вокруг одного ребенка и уносят его в воздух подобно воздушному шару. Там ребенка бросают, бьют ногами или для забавы играют с ним, как с мячом. Как это жестоко и ужасно!

Покинутые зародыши лишены тепла и утешения

Какова судьба зародышей, умерших до своего рождения? Как я уже объяснил, большинство из них обретает спасение, но встречаются некоторые исключения. Бывают зародыши, которых нельзя спасти, потому что они были зачаты с худшей греховной природой, доставшейся им от своих родителей, которые усиленно противостояли Богу и совершили очень тяжкие злодеяния. Души неспасенных зародышей также заключены в месте, подобном тому, где пребывают отнятые от груди младенцы.

Их не пытают так сильно, как души взрослых людей, потому что дети были в бессознательном возрасте и к моменту своей смерти они не совершили никакого греха. Их наказание и проклятие состоит в том, что их оставили без тепла или заботы, которые они чувствовали в утробе своих матерей.

Телесная оболочка в Гадесе

В какой форме пребывают неспасенные души в Гадесе? С одной стороны, если умирает ребенок, которого отняли от груди, он остается в форме тела младенца этого возраста. Если зародыш умирает в утробе своей матери, в Гадесе он будет в виде зародыша. С другой стороны, при Втором пришествии Иисуса Христа спасенные души на Небесах облекутся в новые, возрожденные тела, хотя у них будет та же самая форма, что и в этом мире. Тогда все преобразуются в красивых тридцатитрехлетних людей, подобно Господу Иисусу, и облачатся в духовные тела. У низкорослых людей будет самый оптимальный рост, а инвалиды обретут полноценное тело. Однако даже после Второго пришествия Господа неспасенные души в аду не смогут облечься в новое, возрожденное тело.

Они не способны возродиться, потому что не имеют жизни, полученной от Иисуса Христа. Поэтому они и обладают тем же самым обликом, что и во время их смерти. Их лица и тела – бледны и синюшны, как у мертвецов, а волосы растрепаны из-за ужасов ада, которые они увидели. Некоторые тела покрыты тряпьем, на других – только несколько лоскутов ткани, а кое-кто не имеет ничего, чем можно было бы прикрыть свое тело.

На Небесах спасенные души носят красивые белые мантии и яркие венцы. К тому же, яркость мантий и украшений различается в зависимости от заслуженных человеком славы и наград. Соответственно, в аду вид неспасенных душ отражает разновидность и степень тяжести их грехов.

Дети, начинающие ходить

Младенцы растут и учатся вставать, ползать, делать первые шаги и произносить слова. Если они умирают в этом возрасте, каким они подвергаются наказаниям?

Дети этого возраста также собраны в одном месте. Они страдают инстинктивно, потому что к моменту своей смерти не были способны думать логически или как-то оценивать внешний мир.

От невыносимого ужаса малыши плачут по своим родителям

Этим детям всего от двух до трех лет. Поэтому они не осознают своей собственной смерти и им не известно, почему они находятся в аду, но они все еще помнят своих матерей и отцов. Вот почему они постоянно плачут: «Где ты, мама? Где ты, папа? Я хочу домой! Почему я здесь?».

Когда они жили в этом мире, их матери всегда приходили на помощь, если ребенок падал и ему было больно. Они прижимали детей к груди и утешали их. Однако матери этих детей не приходят, чтобы утешить их, даже если дети заходятся в крике и когда их тела пропитываются кровью. Разве ребенок не плачет от страха, если в большом магазине он теряет свою мать?

Они не в состоянии найти своих родителей, которые защитят их от ужасов ада. Одного такого факта достаточно, для того чтобы напугать их и привести в невообразимый ужас.

Более того, угрожающие голоса и жуткий смех посланцев ада вынуждают младенцев еще громче кричать, заливаясь слезами. Но все бесполезно. Посланцы ада шлепают малышей, топчут их или хлещут плеткой. Малыши пробуют увернуться от ударов и боли или убежать, но они не могут этого сделать: давясь от слез и плача, они сталкиваются друг с другом, топчут один другого, ранят друг друга до крови. Дети постоянно плачут, они голодны и напуганы. Голод и страх — это уже ад для ребенка.

Вряд ли возможно, чтобы дети в возрасте от двух до трех лет совершили серьезные грехи и преступления. И тем не менее, они жестоко наказаны из-за первородного греха и собственных грехов. Насколько ужаснее будет наказание в аду взрослых, которые совершают более серьезные грехи по сравнению с детьми?

Однако любой человек может освободиться от наказания в аду, приняв Иисуса Христа, Который умер на кресте, искупив нас. Человек, живя в Свете, может прийти на Небеса, поскольку обрел прощение прошлых, настоящих и будущих грехов.

Дети, умеющие ходить и говорить

Достигнув трехлетнего возраста, ребенок уже может уверенно ходить, бегать и разговаривать. Какие же наказания получат в Гадесе дети от трех до пяти лет?

Посланцы ада протыкают их трезубцами

Дети в возрасте от трех до пяти лет находятся отдельно, в темном и обширном месте, где и получают свое наказание. Они изо всех сил убегают туда, куда могут, чтобы спрятаться от посланцев ада, преследующих их с трезубцами в руках. Трезубец – это копье с тремя наконечниками.

Посланцы ада преследуют души детей, протыкая их трезубцами, как охотники, преследующие свою добычу. Наконец эти дети достигают утеса, и далеко внизу им видна вода, которая кипит, подобно лаве извергающегося вулкана. Сначала эти дети колеблются, спрыгивать ли им с утеса, но вынуждены прыгнуть в кипящую воду, чтобы убежать от посланцев ада, которые преследуют их. У них нет другого выбора.

Борьба за выход из кипящей воды

Дети пытались избежать уколов трезубцев, которыми их пронизывают посланцы ада, но вместо этого оказываются в кипящей воде. В состоянии ли вы представить, сколько боли это им причиняет? Дети изо всех сил пытаются высунуть хотя бы лицо из кипящей воды, проникающей им в рот и нос. Когда посланцы ада видят это, они насмехаются над детьми, говоря: «Как забавно! Как прелестно!». Они вопрошают: «Кто довел своих детей до ада? Давайте направим их родителей на путь смерти, приведем их сюда и заставим наблюдать за страданиями и мучениями своих детей!».

Именно тогда дети изо всех сил пытаются выйти из кипящей воды, но их ловят в большие сети, как рыбу, и тащат назад, в то самое место, откуда они пытались убежать. После этого весь мучительный процесс бегства от посланцев ада, которые с трезубцами в руках преследуют детей, их прыжки в кипящую воду повторяются снова и снова, до бесконечности.

Этим детям только от трех до пяти лет, они не способны быстро бегать. Все же дети стараются бежать с такой скоростью, с какой у них это получается, пока не достигнут утеса, чтобы избежать посланцев ада, которые волочат их своими трезубцами. Они спрыгивают в кипящую воду и снова изо всех сил пытаются выйти из нее. Потом все повторяется снова. Как это ужасно и трагично!

Вы когда-либо обжигали палец горячим утюгом или кастрюлей? Тогда вам известно, насколько это неприятно и больно. Теперь вообразите, что все ваше тело обливают кипятком или погружают в большую ванну с кипящей водой. Даже при мысли об этом становится больно и страшно.

Если у вас когда-либо был ожог третьей степени, вы хорошо помните, насколько он был болезненным. Вы также можете вспомнить красную от ожога плоть, запах горящей плоти, а также ужасное зловоние от тления омертвевших тканей.

Даже если эта часть тела исцелилась, на месте ожога часто остаются уродливые шрамы. Большинству людей трудно общаться с человеком, у которого такие шрамы. Иногда даже члены семьи пострадавшего не могут сидеть с ним за одним столом, если эти шрамы у человека на видном месте. Во время лечения от ожогов пациенты настолько тяжело переносят чистку ожоговых ран, что у некоторых развивается душевное расстройство. Есть и такие, кто готовы совершить самоубийство, потому что больше не могут переносить боль и муки. Если ребенок страдает от ожога, сердце его родителей также чувствует эту боль.

Все же самый страшный ожог в этом мире не сопоставим с теми наказаниями, которые постоянно и бесконечно испытывают в аду души неспасенных детей. Остроту боли и жестокость этих наказаний в аду просто невозможно вообразить.

От повторяющихся наказаний никуда не убежать и нигде не скрыться

Дети убегают и убегают от посланцев ада, которые преследуют их с трезубцами в руках, и с утеса падают в кипящую воду. Они полностью погружаются в нее. Кипящая вода с неприятным запахом, как вязкая лава, обволакивает тело. Бурлящая и липкая вода попадает им в нос и рот, в то время как они изо всех сил пытаются из нее выбраться. Такие мучения несопоставимы с самыми тяжелыми ожогами, полученными здесь, в этом мире.

Чувствительность к боли у этих детей не притупляется, несмотря на то, что они непрестанно испытывают муки. Они не могут потерять сознание, чтобы забыться и некоторое время не чувствовать боли, не могут лишить себя жизни, чтобы избежать страданий в аду. Как они несчастны!

Если в Гадесе так страдают за свои грехи дети трех, четырех или пяти лет, вы можете представить себе виды и масштабы наказаний, ожидающих в аду взрослых?

Дети от шести до двенадцати лет

Каким наказаниям подвергаются в Гадесе неспасенные дети в возрасте от шести до двенадцати лет?

Захоронение у реки крови

С начала мира бесчисленное количество неспасенных душ пролило кровь, испытывая ужасные мучения в Гадесе. Сколько же льется крови, особенно если учесть, что руки и ноги вырастают сразу же, как только их отсекли?

Их крови вполне достаточно для того, чтобы образовалась река, потому что их наказание повторяется бесконечное количество раз, независимо от того, сколько крови уже было пролито. Даже в этом мире, после серьезных баталий или массового побоища, от пролитой людьми крови могут образоваться небольшие лужи или маленький ручей. В этом случае воздух наполняется неприятным запахом гниющей крови. В жаркие летние дни запах становится сильнее, появляются разные виды вредных насекомых, инфекционные болезни перерастают в эпидемии.

АД

В Гадесе ада – не маленькая лужа или небольшой ручей, а широкая и глубокая река крови. Дети, в возрасте приблизительно от шести до двенадцати лет, получают наказания на берегу реки, где их и закапывают. Чем серьезнее грех, который они совершили, тем ближе к реке и глубже в землю их закопают.

Рытье земли

Детей, которые находятся далеко от реки крови, не закапывают в земле. Однако они настолько голодны, что голыми руками продолжают рыть твердую землю в поисках чего-нибудь съедобного. Дети отчаянно и напрасно роют землю, лишаясь ногтей и укорачивая кончики пальцев. Пальцы рук стираются наполовину и пропитываются кровью. Все же, несмотря на эту боль, дети вынуждены копать, лелея слабую надежду обнаружить пищу.

Приблизившись к реке, вы сразу чувствуете, что эти дети более нечестивы. Чем больше в детях зла, тем ближе к реке они находятся. В то время как их закапывают по пояс в землю, они борются друг с другом и с голоду кусают друг друга. Большинство злых детей получает наказание прямо на берегах реки, где их закапывают в землю по шею.

В этом мире, если человека закопать в землю по шею, он умрет, потому что кровь не сможет циркулировать по всему телу. Но там не существует смерти. Поэтому для неспасенных душ такая казнь означает бесконечное мучение в аду. Они страдают от зловония, которое источает река.

Оттуда прилетают все виды вредных насекомых, подобно комарам или мухам, и жалят детей в лицо, но они не могут отогнать насекомых, потому что закопаны в земле. Наконец лица детей опухают до такой степени, что их трудно узнать.

Несчастные дети – игрушки посланцев ада

Это еще не конец страданиям детей. Барабанные перепонки детей лопаются от громкого смеха посланцев ада, когда те отдыхают на берегу реки, смеясь и разговаривая друг с другом. Во время отдыха посланцы ада также наступают на головы этих детей, закопанных в земле, или сидят на них.

Одежда и обувь посланцев ада снабжена острыми предметами. Поэтому, когда посланцы ада бьют детей или садятся на них, они раздавливают детские головы, разбивают их лица и выдирают волосы целыми прядями. Как жестоки эти наказания!

Вы можете задаться вопросом: «Действительно ли возможно, чтобы дети школьного возраста могли совершить грехи, за которые следуют такие жестокие наказания?». Однако, несмотря на юный возраст этих детей, в них живет первородный грех и преднамеренно совершенные прегрешения. Духовный закон, согласно которому возмездие за грех – смерть, повсеместно применяем к любому человеку, независимо от его возраста.

Подростки, которые глумились над пророком Елисеем

В Четвертой книге Царств, 2:23-24, описано, как пророк

Елисей пришел из Иерихона в Вефиль. Когда он шел по дороге, несколько подростков вышли из города и глумились над ним, говоря: «Иди, плешивый!». Не будучи больше в состоянии выносить их, Елисей в конце концов проклял этих детей. Из леса вышли две медведицы и «растерзали из них сорок два ребенка». Что, по вашему мнению, произошло в Гадесе с этими сорока двумя детьми?

Закопаны по шею

Две медведицы разорвали сорок два ребенка. Вы можете представить, сколько детей, должно быть, следовало за пророком и глумилось над ним. Елисей был пророком, который совершал много деяний Божьей силы. Навряд ли Елисей проклял бы их, если бы они только чуть-чуть посмеялись над ним.

Они продолжали следовать за ним и дразнить: «Иди, плешивый!». Кроме того, дети бросали в него камни и тыкали его палками. Пророк Елисей, должно быть, сначала честно предостерег и побранил их. Но ему пришлось проклясть детей, потому что они оказались слишком злыми и не заслуживали прощения.

Это произошло несколько тысяч лет тому назад, когда совесть людей была намного чище и зло не преобладало столь сильно, сколь в наши времена. Те дети, несомненно, оказались достаточно злыми, чтобы дразнить и глумиться над старцем, который совершал деяния Божьей силы.

В Гадесе этих детей наказывают, закопав по шею в землю возле реки крови. Они задыхаются от зловония реки, их кусают всевозможные вредные насекомые. Кроме того, над этими детьми безжалостно издеваются посланцы ада.

Родители должны воспитывать своих детей

Как в наше время ведут себя дети? Некоторые дети, по причине того что им, может, не нравится кто-то из сверстников, оставляют своих друзей на холоде, забирают их завтрак или деньги на еду, бьют и даже прижигают их сигаретами. Мы слышим о том, что некоторые дети даже совершают самоубийства, потому что больше не в состоянии выносить постоянные издевательства со стороны сверстников. Другие дети еще в начальной школе создают преступные банды и даже совершают убийства, подражая знаменитым преступникам.

Поэтому родители должны воспитывать своих детей так, чтобы они не следовали примерам нашего мира, а вместо этого жили, почитая и боясь Бога. Как страшно смотреть на своих детей, которые мучаются в аду, в то время как вы восходите на Небеса? Об этом невозможно даже подумать.

Поэтому вам следует воспитывать своих драгоценных детей так, чтобы те жили в вере, в соответствии с истиной. Вам нужно, например, научить своих детей не разговаривать и не бегать во время богослужения, а всем сердцем, разумением и душой молиться и прославлять Господа. Даже младенцы, которые не могут понять, что говорят их матери, во время богослужения хорошо спят и не плачут, если их матери молятся о них и воспитывают их в вере. Эти младенцы также получат на Небесах награду за свое поведение. Дети в возрасте от трех до четырех лет могут поклоняться Богу и молиться, когда родители систематически обучают их этому. В зависимости от возраста, продолжительность молитвы может отличаться. Родители могут научить своих детей постепенно увеличивать время молитвы от пяти до десяти минут, потом до получаса и т.д. Несмотря на юный возраст детей, если родители учат их Слову так, чтобы они поняли, и объясняют им, как жить по Слову, дети, чаще всего, стараются следовать этому и живут с желанием угодить Богу. Они со слезами исповедуют свои грехи, когда в них начинает действовать Святой Дух. Я настоятельно советую вам открыто учить своих детей тому, кем является Иисус Христос, и помогать им возрастать в вере.

В Послании к Римлянам, 10:14, задается вопрос: «Но как призывать Того, в Кого не уверовали? Как веровать в Того, о Ком не слышали? Как слышать без проповедующего?». Для того чтобы вы услышали Евангелие и приняли Господа, отцы веры пожертвовали многим: они погибали от меча, их бросали на растерзание голодным хищникам, они принимали мученическую смерть за благовестие. Что вы должны делать сейчас, зная, что вы спасены от ада? Вы обязаны приводить заблудшие души к Господу. В Первом послании к Коринфянам, 9:16, апостол Павел искренне признается в цели своей миссии: « Ибо, если я благовествую, то нечем мне хвалиться, потому что это необходимая обязанность моя, и горе мне, если не благовествую!».

Именем Господа я призываю вас идти в мир с горячим сердцем и спасти как можно больше душ от вечного наказания в аду. Только подумайте, как доволен будет вами наш Небесный Отец, даруя вам самую высокую награду на Небесах!

Глава 5

Наказания для людей, достигших половой зрелости

Входящие на Небеса получают различные награды и славу в зависимости от того, какие поступки совершали в жизни. В свою очередь, разные наказания в Гадесе, которым подвергается человек, соответствуют его злым делам, совершенным при жизни. В аду люди страдают от очень острой и продолжительной боли, и мучения людей различаются в зависимости от их жизненных поступков. Человек, заканчивает ли он свою жизнь на Небесах или в аду, пожинает то, что посеял.

Чем больше вы согрешили, тем глубже в ад вы попадете, и чем тяжелее ваши грехи, тем мучительней будет ваша боль в аду. В зависимости от того, насколько человек противостоял сердцу Бога или, другими словами, насколько он повторяет греховную природу Люцифера, настолько суровым и будет его наказание в аду.

В Послании к Галатам, 6:7-8, говорится: *«Не обманывайтесь: Бог поругаем не бывает. Что посеет человек, то и пожнет: сеющий в плоть свою от плоти пожнет тление; а сеющий в дух от духа пожнет жизнь вечную»*.

Поэтому вы конечно же пожнете то, что посеяли. Какие

наказания в Гадесе ожидают людей, которые умерли после наступления половой зрелости? В этой главе я расскажу о четырех уровнях наказаний в Гадесе, которым подвергаются души, в соответствии с поступками, совершенными при жизни. Вы должны понять, что я не могу говорить об этом во всех подробностях, потому что они только усилят ваш страх.

Первый уровень наказания

Некоторые души вынуждены стоять на песке, который в семь раз горячее, чем песок в пустынях или на берегах рек этого мира. Они не смогут убежать от этого страдания, потому что пески эти подобны безбрежным пустыням.

Вы ходили когда-либо босиком в жаркий летний день по обжигающему песку? Если попытаться пройти десять или пятнадцать минут босиком по берегу в горячий, солнечный летний день, вы почувствуете, что ступни ваших ног обожжены. Пески в тропических районах мира самые раскаленные. Но имейте в виду, что пески в Гадесе обжигают в семь раз сильнее, чем самые горячие пески этого мира.

Во время моего паломничества в Святую Землю, вместо того чтобы воспользоваться автомобилем, я попробовал пробежать по шоссе до берега Мертвого моря. Я бежал вместе с двумя другими паломниками, которые сопровождали меня в этой поездке. Первую половину дороги мы пробежали, не ощущая боли, но потом я почувствовал, что подошвы ног буквально накалились. Избежать страданий было невозможно, так как это была единственная дорога к морю; с обеих сторон дороги лежал гравий, который был таким же горячим. Мы побежали в другую сторону, потому что там находился плавательный бассейн, в который мы сразу же окунулись, чтобы остудить ноги.

К счастью, ни один из нас не получил ожогов. Такой бег продолжался всего около десяти минут, но и этого было достаточно, чтобы ощутить невыносимо сильную боль. Представьте, что вам придется вечно стоять на песке, который в семь раз горячее любого земного песка. Как бы ни был горяч песок, у человека не будет уже никакой возможности уменьшить или прекратить наказание. А между тем, это наиболее легкое из всех наказаний в Гадесе.

Вот другая душа - ее пытают иначе. Человек вынужден лежать на тяжелом раскаленном валуне. Наказание души заключается в том, что ее непрерывно и вечно поджаривают. Это напоминает мясо, готовящееся на раскаленном гриле. В то же время другой камень, который также раскален, падает на тело, сокрушая его и все вокруг. Представьте гладильную доску и горячий утюг. Гладильная доска –это камень, на доске одежда – это осужденная душа, а утюг – второй камень, который прижимает одежду. Высокая температура – лишь одна сторона этой пытки; кроме того, во время пытки еще раздавливается тело человека. Камни давят на тело, ломая кости и внутренние органы.

Какими словами можно описать эти страдания? Хотя это и душа, у которой нет физической формы, она в состоянии все еще чувствовать и переносить очень сильную боль подобно тому, как это происходило в жизни на земле. Человек находится в продолжающейся вечно агонии. Наряду с воплями других пытаемых душ, эта душа, пойманная в ловушку своего собственного страха и ужаса, жалуется и восклицает: «Как же мне прекратить это мучение?».

Второй уровень наказания

Притча в Евангелии от Луки, 16:19-31, о богаче и Лазаре дает нам некоторое представление о невыносимом пребывании в Гадесе. Под вдохновением Святого Духа я услышал стенание человека, которого пытали в Гадесе. Я прошу вас, читая эту исповедь, пробудитесь от духовного сна:

«Меня перетаскивают туда и сюда,
и этому нет конца.
Я бесконечно бегу и бегу.
Нигде не могу я найти себе укрытие.
С меня срывают кожу,
Заполняя меня самым отвратительным запахом.
Насекомые сгрызают мою плоть.
Я пробую убежать и убегаю от них,
все же я опять в том же самом месте.
Они все еще кусают и съедают мое тело;
Они сосут мою кровь.
Я дрожу от ужаса и страха.
Что же мне делать?

Я прошу вас, пожалуйста,
Позвольте людям узнать о том, что происходит со мной.

Наказания для людей, достигших половой зрелости

Расскажите им о моем мучении
Так, чтобы они не пришли сюда.
Я действительно не знаю, что делать.
В большом страхе и ужасе
Я могу только стонать.
Бесполезно искать убежище.
Они царапают мою спину.
Они кусают мои руки.
Они сдирают мою кожу.
Они съедают мои мышцы.
Они сосут мою кровь.
Когда это закончится,
Меня бросят в огненное озеро.
Что я могу сделать?
Что же мне делать?

Хотя я не верил в Иисуса Христа как своего Спасителя,
Я думал, что являюсь человеком с чистой совестью.
Пока меня не бросили в Гадес,
Я никогда не понимал, что я совершил так много грехов!
Теперь я могу только сожалеть о том, что совершил.

Пожалуйста, сделайте так,
чтобы никто не повторил моих ошибок.
Здесь много людей, которые при жизни
Думали, что вели хорошую жизнь.
Все же, они все здесь.
Многие, кто утверждал, что верит, и думал,
что жил согласно Божьей воле, также здесь,
И их мучают еще более жестоко, чем меня.
Мне бы хотелось забыться и не ощущать страдания,

но даже ненадолго я не могу.

Я не могу отдохнуть, несмотря на то, что закрываю глаза.
Когда я их открываю,
то ничего не вижу и ничего не чувствую.
Я продолжаю бег, но остаюсь в том же самом месте.
Что я могу сделать?
Что же мне делать?
Я прошу вас, пожалуйста, удостоверьтесь в том,
что здесь больше никого не будет из тех,
кто пойдет по моим стопам!».

Эта душа относительно хорошего человека - по сравнению со многими другими в Гадесе. Он просит Бога, чтобы люди узнали о том, что с ним происходит. Даже ужасно мучаясь, он волнуется о душах, которые могут там оказаться. Подобно тому, как богач просил, чтобы предупредили его братьев, «и они не пришли в это место мучения», эта душа также умоляет Бога (От Луки, 16).

Однако те, кто попадают на третий и четвертый уровни наказания в Гадесе, не имеют даже добродетели. Поэтому они бросают вызов Богу и безжалостно обвиняют других.

Наказание фараона

Египетский фараон, выступавший против Моисея, получил второй уровень наказания, который по силе граничит с третьим уровнем.

Какое зло совершил фараон в своей жизни, чтобы заслужить именно это наказание? Почему его отправили в

Гадес?

Когда народ Израиля был в угнетенном рабском положении, Бог призвал Моисея, чтобы тот вывел Его народ из Египта и привел в Ханаан, обетованную землю. Моисей пошел к фараону и попросил его позволить народу Израиля выйти из Египта. Однако, понимая значимость рабского труда евреев, фараон отказался отпустить их.

Через Моисея Бог навел десять казней на фараона, его придворных и народ Египта. Вода в Ниле превратилась в кровь. Жабы, мошкара и мухи покрыли его землю. На фараона и его людей обрушились страдания из-за моровой язвы домашнего скота, воспалений и нарывов, града, саранчи и тьмы. Всякий раз, когда на них обрушивалась та или иная казнь, фараон, чтобы прекратить мучения, обещал Моисею разрешить народу Израиля уйти из Египта. Однако каждый раз, когда Моисей молился Богу и Он останавливал казни, фараон нарушал свои обещания и еще более ожесточался сердцем. И только после того как в Египте погиб каждый перворожденный ребенок, начиная от наследника трона до раба, и к тому же были умерщвлены все первенцы домашних животных, фараон позволил народу Израиля уйти. Тем не менее вскоре, после последней казни, фараон снова изменил свое решение. Он и его войско начали преследовать народ Израиля, который разбил лагерь у Красного моря. Евреи были напуганы и взмолились Богу. Моисей поднял свой посох и протянул руку к Красному морю, и произошло чудо. Благодаря Божьей силе Красное море расступилось. Народ Израиля пересек Красное море по суше.

А когда египтяне последовали за ними, Моисей с другого берега снова протянул руку в сторону моря, и *«вода возвратилась и покрыла колесницы и всадников всего войска фараонова, вошедших за ними в море; не осталось ни одного из них»* (Исход, 14:28).

В Библии написано, что многие языческие цари, у которых было доброе сердце, уверовали в Бога и поклонились Ему. Однако душа фараона ожесточилась, несмотря на то, что он десять раз был свидетелем Божьей силы. В результате фараон столкнулся с серьезными бедствиями, такими, как смерть наследника престола, уничтожение армии, разорение и нищета народа.

Сегодня люди слышат о Всемогущем Боге и сами являются свидетелями Его силы. Однако, подобно фараону, они ожесточают свои сердца. Они не принимают Иисуса как своего личного Спасителя. Кроме того, люди отказываются покаяться в своих грехах. Что произойдет с ними, если они продолжат жить так же, как живут сейчас? В конечном счете, они получат тот же самый уровень наказания в Гадесе, что и фараон. Что происходит с фараоном в Гадесе?

Фараон заключен в сточной канаве

Фараон заключен в зловонную сточную канаву. Его тело закреплено в этом водоеме так, что он не в состоянии двигаться. Он там не один, есть и другие души, совершившие грехи подобной тяжести.

Царское положение не дает ему права на лучшее отношение к себе в Гадесе. Напротив, именно потому, что он обладал властью, был высокомерным, другие люди обслуживали его и жизнь его протекала в изобилии, посланцы ада еще больше издеваются и насмехаются над ним.

Канава, в которой находится фараон, не просто заполнена сточной водой. Вы когда-либо видели гниющие и разлагающиеся массы сточной воды? Вы бывали в гаванях, где расположены корабельные доки? Вода там загрязнена мазутом, мусором и источает зловоние. Не верится, что в такой среде может существовать какая-либо жизнь. В такую воду страшно опустить руки: так и кажется, что к коже пристанут микробы от отвратительных отбросов, плавающих в воде.

Фараон оказался в подобном заключении. Кроме того, эта канава заполнена бесчисленными жуткими насекомыми. Они напоминают личинки, но больше размером.

Насекомые грызут более мягкие части тела

Эти насекомые приближаются к душам, заключенным в таком водоеме, и сначала грызут более мягкие части их тел. Они проедают глаза и через отверстия глаз проникают в череп и начинают съедать мозг. Вы можете вообразить, насколько это болезненно?

В конце концов они сгрызают все - от головы до пальцев ног. С чем можно сравнить такое мучение? Человеку больно уже тогда, когда в глаза попадает пыль. Насколько болезненнее ощущение, когда насекомые грызут ваши глаза? Вряд ли кто-то способен вынести боль, когда эти существа снуют по всему телу. Теперь предположите, что под вашими ногтями двигают иголкой или протыкают кончики ваших пальцев. Эти насекомые продолжают сдирать кожу и медленно съедать мышцы, пока не покажутся кости. Они быстро продвигаются по вашим рукам и плечам, а дальше вниз - к вашей груди, животу, ногам и ягодицам. Заключенным здесь душам приходится переносить такую пытку и сопровождающую ее боль.

Насекомые постоянно грызут внутренние органы

При виде личинок большинство женщин пугается от одного их вида, и меньше всего им хочется прикасаться к этим существам. Представьте теперь намного более жутких насекомых, превосходящих размерами личинок, которые жалят осужденные души. Сначала насекомые через живот проникают в тело человека. Затем они начинают грызть внутренние органы. Потом эти существа высасывают мозговую жидкость. Осужденные души никогда не смогут отбиться от них, уйти или убежать от этих ужасных тварей.

Насекомые продолжают постепенно поедать их, и души видят, как терзаются их тела. Человеку достаточно десяти минут подобной пытки, чтобы сойти с ума. Одной из осужденных душ в этом несчастном месте является фараон, который бросил вызов Богу и Его слуге Моисею. Он страдает от этой мучительной боли. Он страдает от агонии, будучи в полном сознании, понимая все происходящее и чувствуя, как его тело отделяется от кожи.

Наступит ли конец пытке после того, как насекомые прогрызут внутренние органы тела? Нет. Обглоданные и прогрызенные части тела вскоре полностью восстанавливаются, и насекомые вновь устремляются к душе, чтобы снова прогрызть все части тела. Это происходит без остановки, без конца. Боль не уменьшается, и человек к ней не привыкает, не теряет чувствительность к пытке.

Так устроен духовный мир. Если дети Божьи на Небесах съедят плод с какого-нибудь дерева, то плод восстанавливается. Точно так же в Гадесе: независимо от того, сколько раз или какое количество этих насекомых продолжают постепенно грызть тело, каждый раз органы сразу же восстанавливаются от повреждения или уничтожения.

Даже если человек вёл честную и сознательную жизнь

И среди честных людей есть те, кто не желает принимать Иисуса Христа и Евангелие. Внешне они кажутся хорошими и благородными, но, в соответствии с истиной, они не настолько хороши и благородны.

В Послании к Галатам, 2:16, есть напоминание: *«Узнав, что человек оправдывается не делами закона, а только верою в Иисуса Христа, и мы уверовали во Христа Иисуса, чтобы оправдаться верою во Христа, а не делами закона; ибо делами закона не оправдается никакая плоть»*. Праведник – это тот, кто может обрести спасение именем Иисуса Христа. Только верой в Иисуса Христа все его грехи могут быть прощены. А если человек верит в Иисуса Христа, то конечно же будет повиноваться Божьему Слову.

Если человек, несмотря на многочисленные доказательства того, что Вселенная создана Богом, и несмотря на Его чудеса и силу, явленные через Его слуг, все еще отрицает существование Всемогущего Бога, он – нечестивец, и совесть его ожесточена. Человек, возможно, считает, что он прожил жизнь честно. Однако если он продолжает отрицать Иисуса как своего личного

Спасителя, то обязательно попадет в ад. Но поскольку такие люди вели относительно порядочную и честную жизнь по сравнению с нечестивцами, которые грешили, следуя своим греховным желаниям, они получат первый или второй уровень наказаний в Гадесе.

Большинство людей из тех, кто умирает, не имея возможности услышать Евангелие, и кто не смог пройти суд совести, подвергается первому или второму уровню наказания. Очевидно, душа, которая получает третий или четвертый уровень наказания в Гадесе, совершила гораздо больше беззакония и зла, чем другие.

Третий уровень наказания

Третий и четвертый уровни наказаний приготовлены для всех тех, кто выступил против Бога, заклеймил свою совесть, клеветал и хулил Святого Духа и препятствовал установлению и расширению Божьего Царства. Кроме того, любой, кто называл Божьи церкви еретическими, не имея для этого твердых доказательств, также получает третий или четвертый уровень наказания.

Перед тем как приступить к объяснению третьего уровня наказания в Гадесе, позвольте мне кратко рассказать о различных видах пыток, придуманных людьми.

Жестокие пытки, созданные человеком

Во времена, когда представление о правах человека еще не сформировалось, людьми были изобретены и применялись различные виды телесных наказаний, включая пытки и казни.

Например, в средневековой Европе тюремная стража отводила пленника в тюремный подвал – в камеру пыток, где из несчастного выбивали признания. По пути пленник видел пятна крови на полу, а в камере пыток – различные виды орудий, подготовленных для истязаний. Он слышал невыносимые вопли, раздававшиеся по всему зданию и производившие на него сильное психологическое воздействие.

Один из самых обычных методов пытки состоял в том, чтобы поместить пальцы рук и ног пленника (или другого человека, приговоренного к пытке) в маленькие металлические рамки. Эти рамки сжимались до тех пор, пока не ломались пальцы рук и ног. Затем, когда металлическая рамка постепенно разжималась, у жертвы, один за другим, вытаскивали ногти на пальцах рук и ног.

Если после этого пленник все еще не признавался в том, в чем его обвиняли, его подвешивали с вывернутыми назад руками, а тело выкручивали в разные стороны. При этом человек ощущал дополнительную боль, поскольку тело, находящееся в воздухе, периодически опускали вниз. В худшем случае к лодыжке пленника привязывали тяжелую железную болванку, в то время как он все еще висел в воздухе. Вес железа был достаточен, чтобы разорвать все мышцы и раздробить кости тела жертвы. Если пленник все еще не делал признания, к нему применялись еще более ужасные и мучительные методы пыток. Человека сажали на стул, специально предназначенный для пытки. На спинке и ножках стула были плотно установлены крошечные буравчики. При виде этого устрашающего объекта пленник пытался убежать, но тюремная стража, которая сильнее его, сажала человека на стул. В то же мгновение пленник ощущал, как буравчики протыкают его тело. При другом способе пытки подозреваемому или пленнику приходилось висеть вверх ногами. Через час его кровяное давление превышало допустимую норму, кровь разрывала сосуды головного мозга и вытекала сквозь его глаза, нос и уши. Человек больше не мог видеть, ощущать запах или слышать. Чтобы вынудить пленника подчиниться, использовали огонь. К подозреваемому человеку с горящей свечой приближался тюремщик. Он подносил свечу к подмышкам подозреваемого или его подошвам. Подмышки являются одной из самых чувствительных частей человеческого тела, а подошвы обжигались потому, что в них боль длится дольше. Пленника заставляли ходить босиком в раскаленных железных ботинках. Палач отрезал язык человека или прижигал нёбо жертвы калеными железными клещами. Если пленник был приговорен к смертной казни, его бросали в колесо для четвертования. Из-за сильного вращения, тело разрывалось, в то время как пленник все еще был жив и в сознании. Для казни использовали расплавленный свинец, который заливали в нос и уши человека.

Зная, что они не способны вынести пыток, многие заключенные часто подкупали истязателей и тюремную стражу, чтобы умереть быстрой и безболезненной смертью.

Таковы лишь некоторые методы пыток, изобретенные человеком. Достаточно просто представить их, чтобы ощутить ужас. Теперь представьте, что пытки посланцев ада, которыми руководит Люцифер, гораздо более мучительны, чем самые изощренные пытки, когда-либо изобретенные людьми. У посланцев ада нет сострадания, они приходят в восторг от криков и душераздирающего плача душ в Гадесе. Они постоянно стараются найти еще более жестокие и болезненные методы истязаний, которым подвергаются души.

Неужели вы хотите попасть в ад? Неужели вы допустите, чтобы те, кого вы очень любите, члены вашей семьи и друзья оказались в аду? Все христиане должны считать своим долгом распространение и проповедь Евангелия, делая все, что в их силах, чтобы спасти хотя бы еще одну душу от падения в ад.

Что представляет собой третий уровень наказаний?

i) Посланцы ада в свиных масках

Одна душа в Гадесе привязана к дереву, а ее плоть режут на мельчайшие кусочки, как рыбу для сашими. Посланец ада, на котором уродливая и устрашающая маска, готовит все необходимые орудия пыток. Эти устройства включают широкое разнообразие инструментов, от маленького кинжала до топора. Потом посланец ада затачивает эти орудия на камне. Инструменты в Гадесе не нуждаются в заточке, потому что край каждого орудия всегда остается острым. Цель «заточки» состоит в том, чтобы еще больше запугать душу, ожидающую пыток.

Отрезание плоти, начиная с кончиков пальцев

Когда душа слышит такой скрежет орудий и посланец ада приближается к ней с жуткой усмешкой, человек пугается еще больше.

«Этот нож сейчас начнет резать мою плоть...
Этот топор скоро отрубит мои конечности ...
Что же мне делать?
Как я смогу вынести эту боль?».

Человек почти задыхается от ужаса. Душа осознает, что крепко привязана к стволу дерева и не в состоянии двигаться, и ощущает, будто ее тело разрывает веревка. Чем больше человек старается отойти от дерева, тем плотнее веревка обвивается вокруг тела. Посланец ада приближается к нему и отрезает его плоть, начиная с кончиков пальцев. Куски плоти, облитые сгустками крови, падают на землю. Из его пальцев торчат кости. Скоро таким же образом будут отрезаны все пальцы. Посланец ада срезает его плоть от пальцев к запястью и затем - к плечу. Все, что останется на руке человека, – это кость. Тогда посланец ада перемещается вниз - к голени и внутренним частям бедра.

Пока не появятся внутренние органы

Посланец ада начинает резать его живот. Когда появляются все внутренние органы, он хватает их и выбрасывает. Затем с помощью своих острых орудий он разрывает и другие органы.

Душа находится в сознании и наблюдает за ходом всего процесса: ее плоть отрезана и внутренние органы выброшены. Представьте, что вас связали и отрезают часть вашего тела, начиная с тыльной стороны кистей рук, кусок за куском, каждый из которых размером с ваш ноготь. Когда нож касается вас, начинает литься кровь, и ваши страдание и страх невозможно описать никакими словами.

Снова представьте себе сашими – японское блюдо из сырой рыбы. Повар отделил у рыбины кости и кожу. Разрезал мякоть на очень тонкие пластины. Блюдо сделано в форме живой рыбы. Рыба, кажется, все еще жива - вы видите, как двигаются ее жабры. У повара в ресторане нет сострадания к рыбе, потому что иначе он не смог бы выполнять свою работу.

Молитесь о своих родителях, супруге, родственниках и друзьях. Если они не спасутся и закончат свою жизнь в аду, то им придется страдать и мучиться, когда беспощадные посланцы ада будут отдирать их кожу от плоти. Наш долг как христиан в том, чтобы распространять Благую Весть, потому что во время Судного Дня Бог конечно же сделает каждого из нас ответственным за тех, кого мы не смогли привести на Небеса.

Прокалывание глаз

На этот раз посланец ада берет вместо ножа буравчик. Душа уже знает, что с ней произойдет, потому что это не первый раз, когда ей приходится выносить такие пытки. Человека уже сотни и тысячи раз пытали подобным образом с того дня, когда он попал в Гадес. Посланец ада приближается к жертве, глубоко погружает буравчик в его глаз и на мгновение оставляет его там. Насколько должна быть испугана душа, когда она видит, что буравчик приближается к ней все ближе и ближе? Мучение от проникновения буравчика в глаз человека не поддается никакому словесному описанию.

Наступает ли конец пытке? Остается еще лицо. Теперь посланец ада срезает щеки, нос, лоб и остальные части лица. Он не забывает снять кожу с ушей, губ и шеи. Шея становится тоньше и тоньше, поскольку ее вырезают постепенно, пока не покажется верхняя часть туловища. Так заканчивается один сеанс пытки, однако это означает, что начнется ее новый этап.

Нельзя кричать и плакать

Скоро отрезанные части тела человека восстанавливаются, как будто с ними никогда ничего не происходило. В то время как тело приобретает прежний вид, наступает лишь краткий миг, в течение которого боль и мучение прекращаются. Однако этот перерыв только напоминает душе о тех пытках, которые ее ждут, и скоро человек начинает дрожать от неуправляемого страха. В то время как душа ожидает пытку, она снова слышит звук заточки. Время от времени посланец ада, на котором отвратительная маска свиньи, устремляет на человека взгляд с жуткой усмешкой. Посланец готов к новому этапу пыток. Снова и снова начинаются мученические страдания. Вы думаете, что в состоянии это выдержать? Тело пытаемого человека никогда не потеряет чувствительности к орудиям пытки и непрерывной боли. Чем больше вас пытают, тем сильнее ваши страдания.

Подозреваемый, который находится в заключении, или пленник, ожидающий пыток, знают, что это мучение продлится только какое-то время, но они все же дрожат от охватившего их страха. Представьте, как к вам приближается посланец ада в уродливой маске свиньи, у которого в руках различные орудия, бряцающие друг о друга. Пытка будет бесконечно повторяться: срезание плоти, вытаскивание внутренних органов, прокалывание глаз и многое другое. Поэтому душа в Гадесе не в состоянии кричать или просить посланца ада оставить в живых, проявить милосердие, быть менее жестоким или что-то в этом роде. Вопли других душ, крики о милосердии и бряцание орудий пытки со всех сторон окружают душу. Как только душа видит посланца ада, она бледнеет и немеет. Человек уже знает, что он не способен сам освободиться от страдания, пока его не бросят в огненное озеро после Суда Великого Белого Престола, когда наступит конец века (Откровение, 20:11). Мрачная действительность только усиливает ту боль, которая уже существует.

ii) Тело надувают, как шар

Если у человека есть хоть капля совести, он почувствует вину, если обидит кого-то. Несмотря на прошлые разногласия, ссоры и конфликты со своим недругом, если сегодня у того случится горе или несчастье, то у нормального человека это вызовет сострадание. Ненависть на какое-то время отойдет и появится желание помочь.

Однако если совесть выжжена, словно раскаленным железом, человек полностью безразличен к мучениям других. Для достижения своих собственных целей он может совершить даже самые отвратительные злодеяния.

К людям относились как к хламу и мусору

АД

Во время Второй мировой войны в Германии, Японии, Италии и других странах под руководством нацистов многие люди, оставшиеся в живых, военнопленные использовались в качестве материала для секретных испытаний.

Эти люди по существу заменили собой лабораторных крыс, кроликов и других животных, обычно используемых в медицинских экспериментах. Чтобы узнать, например, как долго человек будет оставаться в живых, сколько времени он сможет противостоять воздействию зловредных факторов, а также чтобы изучить симптомы различных заболеваний, людям пересаживали раковые клетки, заражали их вирусами. Для получения самой точной информации, нацистские медики часто разрезали живот или череп живого человека. Чтобы определить, как обычные люди реагируют на максимально высокую или низкую температуру, быстро уменьшали температуру помещения или увеличивали температуру контейнера с водой, в который помещались подопытные люди. После окончания опытов над живыми людьми их часто оставляли умирать в муках. Мало кто думал о них как о личностях, способных страдать. Как жестоко и страшно оказаться материалом для проведения опытов, переносить боль и видеть, как уничтожают твое тело, не имея ни прав, ни сил остановить бесчеловечные пытки!

Однако души в Гадесе сталкиваются с еще более жестокими методами наказаний по сравнению с любыми опытами над живым человеком. Поскольку люди были созданы по Божьему образу и подобию, а потом потеряли свое достоинство и честь, к этим душам в Гадесе относятся как к хламу или мусору.

Как мы не сожалеем о мусоре и выбрасываем его, так и посланцы ада не сожалеют об этих душах и не имеют к ним сострадания. Посланцы ада не чувствуют себя виновными и не испытывают жалости к этим людям и никакое наказание не кажется им вполне достаточным.

Дробление костей и разрывы кожи

Посланцы ада считают эти души просто игрушками. Они надувают их духовные тела и пинают их ногами.

Трудно представить это зрелище: как можно надуть человеческое тело? Что произойдет с его внутренними органами?

Поскольку внутренние органы и легкие раздуваются, ребра и позвоночник, которые их защищают, один за другим, разрушаются. Кроме этого, человек испытывает постоянную мучительную боль от натянутой кожи.

Посланцы ада играют с этими раздутыми телами неспасенных душ в Гадесе, и, когда им становится скучно, они вспарывают им животы острыми копьями. Так же, как лопается резиновый воздушный шар и мелкие кусочки резины разлетаются в разные стороны, так разлетаются плоть, кожа и брызги крови.

Однако через короткое время тела этих душ полностью восстанавливаются, и их снова помещают в то же место наказания. Насколько это жестоко!? Когда они жили на нашей земле, этих людей кто-то любил, они наслаждались своим социальным положением или, по крайней мере, могли требовать соблюдения своих прав.

Однажды попав в Гадес, они лишились всех прав, и к ним относятся как к пыли на дороге; их существование не имеет никакого значения.

В Книге Екклесиаста, 12:13-14, сказано следующее:

«Выслушаем сущность всего: бойся Бога и заповеди Его соблюдай, потому что в этом все для человека; ибо всякое дело Бог приведет на суд, и все тайное, хорошо ли оно, или худо».

На основании Его Суда, эти души превратились просто в игрушки, с которыми играют посланцы ада. Поэтому мы должны знать, что, не исполняя человеческий долг, заключающийся в том, чтобы бояться Бога и соблюдать все Его заповеди, мы перестаем быть драгоценными душами, носящими в себе Божий образ и подобие. Тогда мы подвергнемся жесточайшим наказаниям в Гадесе.

Наказание Понтия Пилата

Во времена, когда Иисус Христос принял смерть, Понтий Пилат был римским правителем в Иудее, где сегодня находится Палестина. С того дня, как он был низвергнут в Гадес, ему отвели третий уровень наказания, который влечет за собой бичевание. За что именно наказывают Понтия Пилата?

Несмотря на невиновность Иисуса

От Пилата, как от правителя Иудеи, требовалось разрешение на распятие Иисуса. Как римский прокуратор

Пилат отвечал за весь регион Иудеи, и повсюду в различных местах у него было много шпионов, служивших ему. Поэтому Пилат хорошо знал обо всех тех чудесах, которые совершил Иисус, слышал о том, что Он проповедовал о любви, о Боге, исцелял больных. Иисус возвещал Евангелие во всех местах, где бывал и Пилат. Кроме того, из сообщений своих соглядатаев Пилат знал, что Иисус является добрым и невинным человеком. Пилат, зная, что иудеи из зависти усиленно пытались уничтожить Иисуса, прилагал все усилия к тому, чтобы освободить Господа. Однако Пилат также знал, что игнорирование интересов иудеев может кончиться большим социальным взрывом в регионе. Поэтому ему пришлось отдать Иисуса на заклание, как того и требовали иудеи. Если бы на территории, относящейся к его юрисдикции, вспыхнуло восстание, ответственность за это легла бы на Пилата, и это, возможно, поставило бы под угрозу его жизнь. В конце концов трусливая совесть Пилата определила место его пребывания после смерти. Так же, как по распоряжению Пилата римские солдаты бичевали Иисуса перед распятием, его самого осудили на подобное же наказание: посланцы ада бичуют его бесконечно.

Пилата бичуют каждый раз, когда называется его имя

Иисуса бичевали кнутом, который представлял собой длинный кожаный жгут с прикрепленными на конце обломками железа или костей. При каждом ударе кнут обвивался вокруг тела Иисуса, а кости и металлические куски на его конце разрывали плоть, что каждый раз оставляло большие и глубокие раны.

Всякий раз, когда люди в этом мире называют имя Пилата, посланцы ада бичуют его в Гадесе. Во время каждого богослужения многие христиане произносят апостольский Символ веры. Всякий раз при словах «пострадал при Понтии Пилате» его бичуют. Когда сотни и тысячи людей одновременно вспоминают его имя, скорость и сила бичевания резко увеличиваются. Время от времени другие посланцы ада собираются вместе, чтобы помочь друг другу в телесном наказании Пилата.

Хотя тело Пилата уже разорвано на части и все покрыто кровью, посланцы ада продолжают пытку, как будто соревнуясь друг с другом. Бичевание терзает плоть Пилата, обнажает его кости, разрывает его мозг.

Пилат лишен языка

В то время как его пытают, Пилат постоянно выкрикивает: «Пожалуйста, не называйте мое имя! Каждый раз, когда вы его называете, я невероятно страдаю». Однако из его уст не слышно звуков. Ему отрезали язык, потому что он приговорил Иисуса к распятию. Когда вам больно, крики и вопли немного помогают. У Пилата нет даже такой возможности. Если у других осужденных душ в Гадесе отрезаны или обожжены какие-то части тела, они восстанавливаются, чтобы снова получить наказание. Однако язык Пилата отрезан навечно, как символ проклятия. Несмотря на то, что Пилат просит людей не называть его по имени, имя его будут произносить вплоть до Судного дня. Чем чаще звучит его имя, тем тяжелее страдания Пилата.

Пилат совершил преднамеренный грех

Когда Пилат предал Иисуса распятию, то *«взял воды и умыл руки перед народом, и сказал: невиновен я в крови Праведника Сего; смотрите вы»* (От Матфея, 27:24). В ответ евреи еще сильнее возжелали смерти Иисуса и сказали Пилату: *«Кровь Его на нас и на детях наших»* (От Матфея, 27:25).

Что произошло с иудеями после распятия Иисуса? Они подверглись массовому уничтожению, когда в 70-м году после Р.Х. город Иерусалим был захвачен и разрушен римским полководцем Титом. С тех пор они рассеялись по всему миру и оказались под гнетом в чужих странах. Во время Второй мировой войны евреев насильственно отправляли в многочисленные концентрационные лагеря Европы, где более шести миллионов из них приняли смерть в газовых камерах или были уничтожены другими способами.

В течение всех шестидесяти лет со дня своего образования в 1948 году государство Израиль постоянно сталкивается с угрозами, ненавистью и вооруженным сопротивлением со стороны соседних стран на Ближнем Востоке.

Даже несмотря на то, что иудеи получили возмездие за свои слова, *«кровь Его на нас и на детях наших»*, это не значит, что наказание Пилата может ослабиться. Он совершил преднамеренный грех. У него было множество способов не делать этого, но Пилат поступил иначе. Даже его жена, получив во сне предупреждение, убеждала Пилата не казнить Иисуса. Не слушая голоса совести и не внимая совету жены, Пилат все же приговорил Иисуса Христа к распятию. В результате самого его приговорили к третьему уровню наказания в Гадесе.

И сегодня люди совершают преступления, хорошо сознавая, что они преступают черту закона. Ради своей собственной выгоды некоторые выдают тайны других людей. В Гадесе третий уровень наказания отводится тем, кто замышляет злое против других людей, дает ложное свидетельство, клевещет, образует группы или банды, чтобы убивать или пытать, поступает трусливо, предает других людей во время грозящей им опасности.

Бог спросит за все дела

Так же, как, умывая руки, Пилат оставил кровь Иисуса на руках евреев, некоторые люди перекладывают на других вину за определенную ситуацию или создавшиеся условия. Однако ответственность за грехи людей остается на них самих. Каждый человек наделен свободной волей, и он не только имеет право принимать решения, но и несет за них ответственность. Свободная воля позволяет нам сделать выбор: уверовать ли в Иисуса как в нашего личного Спасителя, соблюдать ли святой День Господень, отдавать ли десятину Богу. Однако результат нашего выбора приводит или к вечному счастью на Небесах, или вечному наказанию в аду.

Кроме того, последствие любого решения, которое вы когда-либо приняли, придется нести вам самим, поэтому вы не можете обвинить в этом кого-либо другого. Вот почему вы не можете сказать: «Я отошел от Бога из-за преследования со стороны родителей», или «Я не мог соблюдать святой День Господень и отдавать десятину Богу из-за моего супруга (супруги)». Имеющий веру боится Бога и соблюдает все Его заповеди.

Пилат, который лишился языка из-за своих трусливых слов, испытывая в Гадесе постоянное наказание плетью, полон раскаяния и сожаления. После смерти второго шанса Пилату не дано. Но у тех, кто еще жив, есть такая возможность. Почитайте Бога и соблюдайте Его заповеди без колебаний.

В Книге пророка Исаии, 55:7-8, говорится:

«Да оставит нечестивый путь свой и беззаконник — помыслы свои, и да обратится к Господу, и Он помилует его, и к Богу нашему, ибо Он многомилостив. Мои мысли — не ваши мысли, ни ваши пути — пути Мои, говорит Господь».

Бог есть Любовь, и Он позволяет нам знать о том, что происходит в аду, пока мы еще живы. Он поступает так для того, чтобы пробудить многих людей от духовного сна и укрепить нас для благовестия, чтобы через нас люди могли узнавать о Его милости и сострадании. Старайтесь искать встречи с Богом, старайтесь поделиться Евангелием Небес со всеми, кто вас окружает. Избегайте всякого рода зло, подготавливайте себя как прекрасную освященную Невесту нашего Господа Иисуса.

Наказание Саула, первого царя Израиля

В Книге пророка Иеремии, 29:11, говорится: *«Ибо только Я знаю намерения, какие имею о вас, говорит Господь, намерения во благо, а не на зло, чтобы дать вам будущность и надежду»*. Слово было сказано к народу Израиля во время изгнания в Вавилон. В этом стихе пророчествуется о Божьем прощении и милосердии, которые Бог дает Своему народу, когда они находятся в изгнании из-за грехов против Бога.

По той же самой причине Бог объявляет о происходящем в аду. Он это делает не для проклятия неверующих и грешников, а для искупления тяжелого бремени, которое несут рабы врага - дьявола и сатаны, и спасения людей, созданных по Его образу, от падения в это ужасное место. Поэтому, вместо того чтобы бояться страшных наказаний ада, необходимо понять неизмеримую Божью любовь. Если вы человек неверующий, примите Иисуса Христа как своего личного Спасителя.

Если, исповедуя веру в Господа, вы не жили по Божьему Слову, измените свое отношение и делайте то, что Он вам говорит. Усердно молитесь за спасение тех, кто еще потерян в этом мире. Проявляйте к ним любовь и терпение, и ваша жизнь наполнится миром, а будущее – надеждой.

Саул оставался непослушным Богу

Саул взошел на трон смиренным человеком. Однако скоро в нем появилось высокомерие, которое не позволяло ему повиноваться Божьему Слову. Он пошел злым путем, который следовало оставить, и в конце Бог отвернулся от него. Если вы грешите против Бога, необходимо изменить свое отношение и без колебания покаяться. Не нужно оправдываться или скрывать свой грех. Только тогда Бог примет вашу молитву покаяния и откроет путь прощения.

Когда Саул узнал, что Бог помазал Давида на царство, то посчитал, что его будущий преемник обязательно начнет ему мстить, и в оставшиеся годы своей жизни стремился уничтожить Давида. Саул даже убил Божьих священников, которые помогали Давиду (1-я кн. Царств, 22:18). Такие поступки приравнивались к противостоянию Богу.

Царь Саул оставался непокорным и преумножал свои злые дела, но Бог не убил его сразу. Несмотря на то, что Саул преследовал Давида, желая уничтожить его, очень долгое время Бог сохранял Саулу жизнь.

Это служило двум целям. Во-первых, Бог намеревался сформировать Давида как великого царя и сделать его сердце «большим сосудом». Во-вторых, Бог дал Саулу достаточно времени и возможностей для покаяния в своих прегрешениях. Если бы Бог уничтожал нас, когда мы совершаем тяжелые грехи, достойные нашей погибели, ни один из нас не спасся бы.

Но Бог – не человек, у Него другое отношение. Он прощает и долго ждет: не вернется ли душа к Нему. Однако Саул не понимал сердца Бога и следовал за желанием плоти. В конце концов Саула смертельно ранили стрелами, и затем он был убит своим собственным мечом (1-я кн. Царств, 31:3-4).

Тело Саула подвешено в воздухе

Какое наказание получил высокомерный Саул? Острое копье протыкает его живот, поскольку он подвешен в воздухе. Лезвие копья уплотнено предметами, которые напоминают острые буравчики и лезвие меча.

Очень болезненно быть подвешенным в воздухе подобным образом. Еще мучительнее, когда в то время, как ты висишь в воздухе, через живот проходит копье и вес тела только усиливает боль. Копье разрывает живот с помощью острых лезвий и буравчиков. Поскольку кожа разорвана, мышцы, кости и кишечник вываливаются.

Когда, время от времени, к Саулу приближается посланец ада и поворачивает копье, все острые лезвия и буравчики на нем также разрывают тело. Кроме того, это разрушает легкие Саула, сердце, живот и кишечник.

Некоторое время спустя после этой ужасной пытки, все тело Саула и его внутренние органы полностью восстанавливаются. Как только они полностью восстановлены, к Саулу приближается посланец ада и повторяет весь процесс. Во время страданий Саул размышляет над всеми упущенными возможностями для покаяния, которые он имел в жизни:

«Почему я не повиновался Божьей воле?
Почему боролся против Него?
Мне следовало обратить внимание
на упрек пророка Самуила!
Нужно было раскаяться,
когда мой сын Ионафан в слезах умолял меня!
Если бы я только не был настолько злым к Давиду,
мое наказание, возможно, оказалось бы легче ...»

После того как Саул попал в ад, бесполезно испытывать угрызения совести или раскаиваться. Невыносимо висеть в воздухе с копьем в животе. Когда посланец ада приближается к нему для другого этапа пытки, Саула переполняет ужас. Боль, вынесенная несколько мгновений назад, все еще слишком реальна для него, и он почти задыхается при мысли о том, что она повторится.

Саул упрашивает своих мучителей: «Пожалуйста, оставьте меня в покое! Пожалуйста, остановите эту пытку!» – однако это бесполезно. Чем более напуган Саул, тем более доволен посланец ада. Он снова провернет копье, и мучение повторяется бесконечно.

Высокомерие – начало разрушения

Вот типичный для любой церкви случай. Сначала новообращенный получает Святой Дух и исполняется Им. Некоторое время он стремится к служению Богу. Однако затем этот верующий перестает повиноваться Божьей воле, Его церкви и Его служителям. К этому добавляется использование Божьего Слова, которое он услышал, для осуждения и обвинения других.

Такой человек, вероятнее всего, станет высокомерным и в своих поступках. Первая любовь к Господу постепенно угасает, и, вместо того чтобы как когда-то уповать на Небеса, он во всем полагается на этот мир, на то, что он в свое время оставил. Теперь ему хочется, чтобы даже в церкви его обслуживали другие. Такой человек становится жадным до денег и власти, лелеет желания плоти.

Когда он был беден, он, возможно, просил: «Боже, даруй мне благословение материального процветания!». Что происходит, как только подобный человек получает благословение? Вместо того чтобы помогать бедным, миссионерам и жертвовать на Божьи дела, теперь он употребляет свой достаток на то, чтобы получать удовольствия мира сего. По этой причине Святой Дух внутри верующего скорбит. Его дух сталкивается со многими испытаниями и трудностями, и такого человека ожидает наказание.

Если он продолжает грешить, его совесть может стать бесчувственной. Он перестает отличать Божью волю от порывов жадности своего сердца. Иногда он может завидовать Божьим слугам, которыми восхищаются и которых любят члены церкви. Подобный человек может ложно обвинять этих служителей и мешать их делу. Ради своей собственной выгоды он начинает раскол в церкви, таким образом уничтожая обитель Христову.

Такие люди продолжают противостоять Богу и, становясь инструментом врага - дьявола и сатаны, в конце концов уподобляются Саулу.

«Бог гордым противится, а смиренным дает благодать»

В Первом послании Петра, 5:5, написано, что *«Бог гордым противится, а смиренным дает благодать»*. Гордые люди осуждают проповедь, которую слышат. Они принимают только то, что согласуется с их собственными мыслями, но отвергают факты, которые не соответствуют их представлениям. Большинство человеческих принципов отличаются от Божьих. Вы не можете утверждать, что верите в Бога и любите Его, если принимаете только то, что согласуется с вашими мыслями.

В Первом послании Иоанна, 2:15, говорится: *«Не любите мира, ни того, что в мире: кто любит мир, в том нет любви Отчей»*. То есть, если в человеке нет любви Отца, у него нет и общения с Богом. Именно поэтому, если вы утверждаете, что имеете общение с Ним, но все еще живете во тьме, то лжете и не поступаете в соответствии с истиной (1-е посл. Иоанна, 1:6).

Будьте осторожны, постоянно исследуйте себя, чтобы увидеть, не стали ли вы высокомерным человеком, не стремитесь ли вы к тому, чтобы вам служили, вместо того чтобы самому служить другим, и не укоренилась ли в вашем сердце любовь к этому миру. Со страхом и трепетом в сердце каждый из нас должен повиноваться Слову Божьему, пребывать в Боге, Который есть Свет, и всей своей жизнью прославлять Его, чтобы достигнуть полного спасения.

Четвертый уровень наказания Иуды Искариота

Мы увидели, что наказания первого, второго и третьего уровней в Гадесе по своей жестокости превосходят наше воображение. Мы также исследовали многочисленные причины, по которым эти души принимают такие мучительные пытки.

Теперь я расскажу вам о самых устрашающих наказаниях Гадеса. Приведу примеры некоторых мучений четвертого уровня и какого рода злые поступки эти души должны были совершить, чтобы заслужить эти мучения.

Непростительный грех

В Библии говорится, что грехи человеку прощаются

через его покаяние. Но есть и такие грехи, которые не простятся, те, которые ведут к смерти (От Матфея, 12:31-32; Посл. к Евреям, 6:4-6; 1-е посл. Иоанна, 5:16). Люди, которые хулят Святого Духа, совершают преднамеренный грех, потому что они знают истину. За такой грех их ожидает самая глубокая часть Гадеса.

Например, мы часто видим людей, которые исцелились, или решили проблемы благодаря Божьей благодати. Сначала они с энтузиазмом работали для Бога и Его церкви. Потом их постепенно соблазняет мир, и, в конечном счете, эти люди поворачиваются к Богу спиной. Они снова наслаждаются удовольствиями этого мира, только на сей раз это их захватывает намного глубже, чем прежде. Они критикуют церковь, чтобы обесчестить и оскорбить других христиан и Божьих служителей.

Часто те, кто публично выражает свою веру в Бога, оказываются первыми среди осуждающих и клеймящих церкви или их пастырей как «еретиков», основываясь на своих собственных выводах и суждениях. Когда такие люди видят церковь, преисполненную силой Святого Духа и Божьих чудес, проявляемых через Его служителей, они не способны постигнуть этого. И только поэтому они с легкостью осуждают всю общину, называя ее «еретической», или заявляют, что там действует не Святой Дух, а сатана. Они предали Бога и не могут получить дух покаяния.

Другими словами, такие люди не в состоянии раскаяться в своих грехах. Поэтому после смерти эти «христиане» получают более тяжелые наказания, чем те, кто не верил в Иисуса Христа как в своего личного Спасителя, и их путь завершается в Гадесе.

Во Втором послании Петра, 2:20-21, говорится: *«Ибо, если, избегши скверн мира чрез познание Господа и Спасителя нашего Иисуса Христа, опять запутываются в них и побеждаются ими, то последнее бывает для таковых хуже первого. Лучше бы им не познать пути правды, нежели, познавши, возвратиться назад от преданной им святой заповеди».*

Эти люди не повиновались Божьему Слову и бросили вызов Богу. Даже если они знали Слово, их все равно ожидает наказание, которое по степени и тяжести превосходит мучения тех, кто не верил.

Люди, совесть которых выжжена

Души получают четвертый уровень наказания не только из-за совершенных ими непростительных грехов, но также и потому, что их совесть выжжена. Некоторые из этих людей полностью стали рабами врага - дьявола и сатаны: они противостоят Богу и грубо выступают против Святого Духа. Это равносильно тому, как если бы они лично распяли Иисуса Христа на кресте.

Иисус, наш Спаситель, был распят для прощения наших грехов и освобождения людей от проклятия вечной смерти. Его драгоценная кровь искупила всех, кто уверовал в Иисуса. Но проклятие людей, которые получат четвертый уровень наказания, не позволяет им спастись даже через кровь Иисуса Христа. Следовательно, они приговорили себя к распятию на собственном кресте в Гадесе.

Иуда Искариот, один из двенадцати учеников Иисуса и, вероятно, самый известный предатель в истории человечества, лучший пример этому. Иуда своими собственными глазами видел Божьего Сына во плоти. Он стал одним из учеников Иисуса, познал Слово и стал свидетелем удивительных дел и знамений. Все же Иуда так и не смог до конца отказаться от своей алчности и искоренить в себе грех. Наконец сатана спровоцировал Иуду на предательство, и тот продал своего Учителя за тридцать серебряников.

Неважно, насколько Иуда Искариот хочет покаяться

Кто, по вашему мнению, более виновен: Понтий Пилат, который приговорил Иисуса Христа к распятию, или Иуда Искариот, продавший Иисуса иудеям? Вот как ответил Иисус на один из вопросов Пилата:

«Ты не имел бы надо Мною никакой власти, если бы не было дано тебе свыше; посему более греха на том, кто предал Меня тебе» (От Иоанна, 19:11).

Грех, который совершил Иуда, действительно является великим грехом, для которого не может быть прощения; и Иуде не дано духа покаяния. Когда он понял степень своего греха, то пожалел об этом и возвратил деньги, но так и не получил духа покаяния.

В конце концов, не имея силы преодолеть бремя своего греха, Иуда Искариот, терзаясь душевными муками, совершил самоубийство. В Деяниях святых Апостолов, 1:18, написано, как закончились дни Иуды: *«...когда низринулся, расселось чрево его, и выпали все внутренности его».*

Иуда висит на кресте

Каково наказание Иуды в Гадесе? Иуда висит на кресте на переднем плане самой глубокой части Гадеса. Рядом с ним и его крестом находятся кресты тех, кто жестко противостоял Богу. Это место напоминает общую могилу или кладбище после войны, или скотобойню, заполненную павшим скотом. Распятие на кресте даже в этом мире – самое жестокое наказание.

Применение этой казни служит примером и предупреждением всем настоящим и будущим преступникам. Человек, в течение многих часов распятый на кресте и испытывающий мучения, которые хуже самой смерти, мечтает только об одном – быстрее умереть.

Боль от распятия на кресте длится, самое большее, полдня. Однако в Гадесе, где нет конца мучениям и, конечно, не существует смерти, трагедия наказания распятием на кресте продолжится до Судного дня.

Кроме того, на Иуду надет венец, сплетенный из терний, которые непрерывно прорывают его кожу, протыкают череп и вонзаются в мозг. Ниже его ног корчатся какие-то животные. На более близком расстоянии видно, что это другие души, которые попали в Гадес, и даже они пытают Иуду. В этом мире они противостояли Богу и копили зло, поскольку их совесть была выжжена. Эти люди также получают тяжелые наказания и пытки.

И чем серьезнее предназначенная им пытка, тем более жестокими они становятся. А посланцы ада дразнят Иуду: «Это тот, кто продал Мессию! Он все сделал нам во благо!».

Душевная пытка за продажу Сына Божьего

В Гадесе Иуда Искариот должен выносить не только

физические пытки, но и невыносимые душевные муки. Этот человек всегда будет помнить, что он проклят именно за продажу Божьего Сына. Поскольку имя «Иуда» даже в этом мире стало синонимом предательства, от этого его душевные пытки только усиливаются.

Иисус знал заранее, что он предаст Его и что произойдет с Иудой после смерти. Именно поэтому Иисус старался обратить Иуду Словом, но Ему также было известно, что Иуда не свернет со своего пути. Поэтому в Евангелии от Марка, 14:21, мы читаем, что Иисус проливал слезы: *«…но горе тому человеку, которым Сын Человеческий предается: лучше было бы тому человеку не родиться»*.

Другими словами, человеку, получившему первый уровень наказания, то есть самый легкий из всех, было бы лучше вообще не появляться на свет, потому что боль мучений при таком наказании очень огромна и невыносима. Что же говорить об Иуде?

Он получил самое тяжелое из всех наказаний! Однако для тех, кто обретает спасение и попадает на Небеса, рождение является благословением, за которое стоит благодарить Бога. Проходя возделывание здесь, на земле, они учатся любить Бога и получают возможность вечно жить в Небесном Царстве.

Поэтому так важно, чтобы мы, познавшие благодать и любовь Бога, усердно и прилежно молились, благовествовали, подавали пример христианской жизни, угождая Богу во всем.

Чтобы не попасть в ад

Кто считается боящимся Бога и исполняющим Его

заповеди? Это тот, кто выполняет два фундаментальных принципа жизни во Христе: всегда соблюдает святой День Господень и отдает Богу десятину.

Соблюдение святого Дня Господня символизирует признание Божьего владычества в духовной сфере. Исполнение заповеди об этом дне служит признаком, отличающим Божьих детей. Если вы не соблюдаете святой День Господень, независимо от того, насколько глубока ваша вера в Бога Отца, нет никакого духовного подтверждения тому, что вы являетесь одним из Божьих детей. В этом случае перед вами только дорога в ад.

Отдавать Богу десятину означает признавать Божье владычество над собственностью. Это - еще и согласие и понимание того, что Бог является единственным хозяином во всей Вселенной. Согласно Книге пророка Малахии, 3:9, народ Израиля был проклят, потому что обкрадывал Бога.

Он сотворил Вселенную и дал вам жизнь. Бог дарует нам солнечный свет и дождь - чтобы жить, силы - чтобы трудиться, и защиту - на каждый день. Бог владеет всем, что у нас есть. Поэтому, несмотря на то что все наши доходы, в действительности, принадлежат Богу, Он позволил нам отдавать Ему только десятину от заработанного, а остальное использовать по собственному усмотрению. Если мы верны Богу в десятине, Он обещает: *«Не открою ли Я для вас отверстий небесных и не изолью ли на вас благословения до избытка»* (Кн. пророка Малахии, 3:10).

Однако если вы не даете десятину Богу, это означает, что у вас нет веры в Его обетование благословения, недостаточно веры для спасения, и, поскольку вы ограбили Бога, у вас нет другого пути, кроме дороги в ад. Мы должны всегда соблюдать святой День Господень и отдавать десятину Тому, Кому все принадлежит, и исполнять все Его заповеди, предписанные во всех шестидесяти шести книгах Библии. Я молюсь о том, чтобы ни один из читателей этой книги не попал в ад.

В этой главе мы рассматривали различные виды наказаний, разделенные на четыре уровня, которым подвергаются осужденные души в Гадесе. Это жестокое, устрашающее и несчастное место. Во Втором послании Петра, 2:9-10, говорится: «...*конечно, знает Господь, как избавлять благочестивых от искушения, а беззаконников соблюдать ко дню суда, для наказания, а наипаче тех, которые идут вслед скверных похотей плоти, презирают начальства, дерзки, своевольны и не страшатся злословить высших*».

Злые люди, вмешиваясь в работу церкви или разрушая ее, совершают грехи и неправедные поступки, не боясь Бога. Человек, который явно противостоит Богу, во времена бедствия и испытаний не может и не должен ожидать Божьей помощи. Пока не вынесен приговор Суда Великого Белого Престола, подобных людей заключают в глубины Гадеса и наказывают в соответствии с их злодеяниями.

Те, кто ведут добрую, праведную жизнь, посвященную Богу, всегда смиренны перед Богом. Поэтому, даже когда греховность людей заполнила землю и Богу пришлось излить воды Потопа, мы видим, что только Ной и его семья обрели спасение (Бытие, 6-8).

Так же, как Ной, который боялся Бога и повиновался Его заповедям, благодаря чему избежал Суда и достиг спасения, мы должны стать послушными Богу во всем, чтобы стать Его истинными детьми и исполнить то, что Он подготовил для нас в Своем провидении.

Глава 6

Наказания за хулу на Святого Духа

В Евангелии от Матфея, 12:31-32, Иисус говорит нам: *«Посему говорю вам: всякий грех и хула простятся человекам; а хула на Духа не простится человекам; если кто скажет слово на Сына Человеческого, простится ему; если же кто скажет на Духа Святого, не простится ему ни в сем веке, ни в будущем».*

Иисус адресовал эти слова иудеям, которые упрекали Его за проповедь Евангелия и совершение деяний силы Божьей, утверждая, что Он был под воздействием злых духов или же совершал чудеса силой врага - дьявола и сатаны.

Даже в наши дни многие люди, которые, утверждая, что веруют во Христа, осуждают церкви, в которых мощно действует и являет чудеса Дух Святой, клеймят их как еретиков или последователей дьявола только потому, что сами не способны понять или принять это. Как Божье Царство может расширяться, а Евангелие распространяться во всем мире без силы и власти, которые исходят от Бога, то есть без деяний Святого Духа?

Противостояние деяниям Святого Духа ничем не отличается от противостояния Самому Богу. Бог не признает Своими детьми тех, кто выступает против деяний Святого Духа, независимо от того, насколько они сами считают себя христианами. Имейте в виду, что, если, увидев деяния Божьи, Его замечательные и удивительные дела, совершаемые через Своих служителей, человек осуждает Божьих служителей и Его церковь как «еретиков», он серьезно противостоит действию Святого Духа. Единственное место, уготованное ему в этом случае, – глубины ада.

Если церковь, пастор и другие Божьи служители признают Триединого Бога, верят, что Библия является Божьим Словом и обучают ему других, если они убеждены, что будущая жизнь пройдет либо на Небесах, либо в аду, знают, что грядет Суд и веруют в то, что все во власти Божьей, и принимают Иисуса Христа как Спасителя, то никто не имеет права осуждать такую церковь, пастора и Божьих служителей как «еретиков».

Я основал церковь «Манмин» в 1982 году и привел многие души ко спасению благодаря деяниям Святого Духа. Удивительно, что среди людей, которые лично испытали силу Живого Бога, нашлись такие, кто фактически противопоставил себя Богу, намеренно затрудняя достижение нашей цели и служение общины, распространяя ложные слухи обо мне и о церкви.

Подробно рассказав о горе и мучениях в аду, Бог также показал мне наказания, которые ожидают в Гадесе людей, создающих препятствия Святому Духу, не повинующихся Ему и богохульствующих. Какие наказания они получат?

Страдание в резервуаре с кипящей жидкостью

«Я сожалею о брачных обетах,
которые заключила с моим мужем.
Почему же я в этом несчастном месте?
Он ввел меня в заблуждение, и из-за него я здесь!».

Это плач жены, которой отвели в Гадесе четвертый уровень наказания. Причина, по которой ее мученический стон звучит повсюду в этом темном, засыпанном пеплом пространстве, состоит в том, что муж этой женщины ввел ее в заблуждение, противопоставив себя Богу.

Жена была злой, но все же в сердце она, до некоторой степени, почитала Бога. Женщина не могла самостоятельно препятствовать Святому Духу и бороться с Богом. Однако, в соответствии с желаниями ее плоти, совесть женщины соединилась со злой совестью ее мужа, и эта пара отчаянно противилась Богу и Его делам.

Они вместе совершали зло и теперь вместе наказаны в Гадесе, страдая за все свои злодеяния. Какое наказание они получили в Гадесе?

Их пытают по одному

Резервуар заполнен ужасным зловонием, и осужденные души, одна за другой, опускаются в бурлящую жидкость. Когда посланец ада помещает каждую душу в резервуар с жидкостью высокой температуры, их тело вздувается, обретая большое сходство со спиной жабы, а глаза вылезают из орбит.

Всякий раз, когда они отчаянно пробуют избежать этого мучения и высовывают из резервуара голову, огромные ноги топчут их сверху, погружая в жидкость. На подошвах огромных ног посланцев ада - небольшие железные или медные шпильки. С их помощью посланцы ада загоняют души обратно в резервуар, оставляя на их телах глубокие раны и ушибы. Через некоторое время жертвы снова высовывают головы, потому что они не в состоянии выносить жжение. Как и прежде, их топчут и заталкивают обратно в резервуар. Более того, души испытывают эту пытку по очереди: если муж – в резервуаре, жена должна наблюдать за его муками, и наоборот. Резервуар прозрачен, так что снаружи видно, что происходит внутри. Когда они видят друг друга, видят страдания любимого человека, они с воплями просят о милосердии:

«Моя жена находится там!
Пожалуйста, выньте ее!
Пожалуйста, освободите ее от этого несчастья.
Нет, нет, не топчите ее.
Пожалуйста, выньте ее, пожалуйста!».

Спустя некоторое время мольбы мужа прекращаются. Будучи наказан несколько раз, он начинает понимать, что, в то время как его жена страдает, он может получить передышку, потому что, когда она выходит из резервуара, наступает его очередь.

Обвинение и проклятие друг друга

Супружеские пары в этом мире не будут парами

на Небесах. Однако эта пара принимает наказание в Гадесе вместе. Поскольку им известно, что они должны чередоваться в получении своих наказаний, их просьбы теперь становятся совсем иными:

«Нет, нет, пожалуйста, не вынимайте ее.
Пусть она побудет там немного дольше.
Пожалуйста, оставьте ее там,
так чтобы я смог подольше отдохнуть».

Жена хочет, чтобы ее муж непрерывно страдал, а муж также просит максимально долго держать его жену в этом резервуаре. Однако наблюдение за страданиями другого человека не дает им времени для отдыха. Краткие перерывы не позволяют восстановиться после длительного мучения, потому что муж знает: после жены наступает его очередь. Кроме того, когда, мучаясь, человек слышит мольбу своего супруга продлить его наказание, они оба начинают проклинать друг друга. Здесь нам становятся ясны последствия плотской любви. Сущность плотской любви и сущность ада состоит в том, что, когда один человек страдает от невыносимого мучения, он с готовностью желает пыток другому вместо себя. Поскольку жена сожалеет, что противостояла Богу из-за своего мужа, она постоянно говорит ему: «Из-за тебя я здесь!». В ответ муж, еще более громко, проклинает и обвиняет свою жену, которая поддерживала его и участвовала в его злых делах.

Чем больше зла совершает пара

Посланцы ада в Гадесе радуются и восхищаются этими

супругами, которые проклинают друг друга, упрашивая их продлить и усугубить наказания друг друга: «Посмотрите, они проклинают друг друга даже здесь! Их злоба нас восхищает!».

Посланцы ада наблюдают за ними, как будто смотрят интересный фильм, и, время от времени, еще добавляют жара, чтобы получить полное наслаждение. Чем больше муж и жена страдают, тем сильнее они проклинают друг друга и тем более, конечно, веселятся посланцы ада.

Мы должны ясно понять смысл этого. Когда люди совершают зло здесь, на земле, злые духи испытывают радость. В то же самое время, чем больше зла совершают люди, тем дальше они отходят от Бога.

Божьи дети никогда не должны поддаваться злу

Когда вы сталкиваетесь с трудностями и идете на компромисс с миром, ропщете, жалуетесь и ожесточаетесь в отношении определенных людей или обстоятельств, враг дьявол приходит к вам и с радостью приумножает ваши трудности и скорби. Проявление зла и недостаток веры делают вас подверженными обвинениям сатаны, и Бог в таком случае не может вам помочь.

Мудрые люди, которые знают этот закон духовного мира, никогда не будут жаловаться или роптать, а вместо этого начнут при всех обстоятельствах благодарить. Их никогда не будет покидать хорошее настроение. Они будут исповедовать свою веру в Бога и постоянно пребывать в нем. Более того, если вас притесняет очень злой человек, как сказано в Послании к Римлянам, 12:21: *«Не будь побежден злом, но побеждай зло добром»*.

Значит, всегда следует преодолевать зло только с помощью добра и вверять все в руки Божьи. Если вы следуете добру и живете во Свете, у вас будут сила и власть, чтобы превозмочь злых духов. Тогда враг - дьявол и сатана не смогут возложить на вас ответственность за зло, и все ваши трудности уйдут намного быстрее. Бог доволен, когда Его дети живут и поступают согласно своей доброй вере.

Ни при каких обстоятельствах не давайте места злу, как того желает наш враг - дьявол и сатана, но всегда помышляйте об истине и поступайте по вере так, как угодно нашему Богу Отцу.

Подъем вверх по вертикальному утесу

Являетесь ли вы служителем Божьим, пастором или работником в Его церкви, у вас есть возможность однажды стать добычей сатаны, если вы не обрезаете свое сердце и продолжаете грешить. Некоторые люди отворачиваются от Бога, потому что они любят мир. Другие прекращают ходить в церковь, прельстившись чем-то мирским. Иные же противостоят Богу, мешая планам и миссии церкви, после чего они остаются без помощи Бога и обрекают себя на погибель.

Случай предательства Бога целой семьей

Я расскажу вам историю семьи человека, который когда-то искренне работал для Божьей церкви. Члены этой семьи не обрезали свои сердца, которые наполнились раздражением и жадностью. Поэтому эти люди стали злоупотреблять своей властью над другими членами церкви, неоднократно совершая грехи. В конце концов на них обрушилось Божье наказание: у отца семейства нашли тяжелое заболевание. Вся семья собралась вместе и начала молиться, искренне каясь и прося даровать ему жизнь.

Бог принял их молитву покаяния и исцелил отца. Тогда, совершенно неожиданно, Бог сказал мне: «Если я сейчас призову его дух, он может получить, по крайней мере, позорное спасение. Проживи он немного дольше, вообще потеряет спасение».

Я не понимал, что же Бог имел в виду, но несколько месяцев спустя, когда я увидел поведение семьи этого человека, все стало понятно. Один член этого семейства был верным соработником в моей церкви. Но он начал препятствовать Божьей церкви и Его Царству, ложно свидетельствуя против церкви и совершая много других злодеяний.

Наконец вся семья была введена в заблуждение, и они отвернулись от Бога. Когда бывший соработник моей церкви препятствовал действию Святого Духа и хулил Его, остальная часть семьи совершила непростительные грехи, и отец, который был по моей молитве исцелен, скоро умер. Если бы он умер тогда, когда у него еще оставалось хоть сколько-нибудь веры, этот человек, возможно, получил бы спасение. Однако он предал свою веру, не оставив себе никакой возможности для спасения. Более того, все члены семьи также попадут в Гадес, куда ушел их отец и где каждому из них отмерено наказание. Каким оно будет?

Подъем по вертикальному утесу без передышки

Там, где совершается наказание этой семьи, установлен

вертикальный утес. Он настолько высокий, что от основания не видно его вершины. Воздух заполняют пугающие крики. На полпути по этому кровавому утесу — три наказанные души, которые издали напоминают три маленькие точки.

Они голыми руками и ногами карабкаются вверх по этому грубому и труднопроходимому утесу. Создается впечатление, что кожа их рук и ног протерты наждачной бумагой. Тела измазаны кровью. Причина, по которой они поднимаются вверх по этому, на первый взгляд, неприступному утесу, состоит в том, чтобы избежать посланца ада, который летает в этом районе.

Когда такой посланец ада, понаблюдав за этими тремя душами, поднимается некоторое время вверх по утесу и поднимает свои руки, крошечные насекомые, которые в точности похожи на него, разбегаются по всей территории подобно частицам воды, разбрызгиваемой, как аэрозоль. Выставляя свои острые зубы с широко открытыми ртами, эти твари быстро поднимаются вверх по утесу и преследуют души.

Вообразите, что сотни сороконожек, тарантул или тараканов размером с палец покрывают весь пол, когда вы входите в свой дом. Также представьте всех этих устрашающих насекомых, устремляющихся на вас, причем всех сразу. Достаточно одного их вида, чтобы напугать вас. Если все они сразу мчатся к вам, это может быть самым чудовищным моментом вашей жизни. Когда эти насекомые начинают подниматься вверх по вашим ногам и скоро покрывают ваше тело, невозможно описать эту ужасную сцену.

В Гадесе, однако, невозможно сказать, сколько их:

сотни или тысячи. Души знают только, что существует бесчисленное множество этих насекомых, и эти трое являются их добычей.

Бесчисленные насекомые мчатся к этим трем душам

Увидев насекомых внизу утеса, эти три души поднимаются вверх все быстрее и быстрее. Вскоре, однако, их догоняют, и они в изнеможении падают на землю, где ужасные твари грызут все части их тела.

Когда у душ выгрызают тела, боль оказывается настолько сильной и невыносимой, что они издают рев, подобно зверям, а их тела беспомощно крутятся и дергаются в разные стороны. Души стараются сбросить с себя насекомых, раздавить их, они прижимаются друг к другу и непрерывно упрекают и проклинают один другого. Проходя такое мучение, каждый из них источает больше зла, чем это делает другой. Их в этот момент интересуют только собственные личные интересы, они продолжают проклинать друг друга. Посланцы ада, кажется, наслаждаются этим зрелищем больше, чем всем остальным, что они когда-либо видели.

Потом, когда посланец ада, парящий поблизости, протягивает свою руку и собирает насекомых, все они немедленно исчезают. Эти три души уже не чувствуют их, но они не в состоянии остановиться, и поэтому продолжают подниматься вверх по вертикальному утесу. Им хорошо известно, что летящий посланец ада скоро вновь напустит на них тварей. Изо всех сил они продолжают подъем по утесу. В такой жуткой тишине эти три души испытывают дикий страх перед тем, что произойдет, и изо всех сил пытаются подняться вверх.

Они испытывают сильнейшую боль от глубоких ран, которые они получают во время карабканья вверх. Однако из-за того, что страх насекомых, грызущих их тела, превосходит все остальное, эти три души не замечают своих тел, испачканных кровью, и поднимаются вверх с огромной скоростью. Какую печальную картину они представляют!

Прижигание уст каленым железом

В Книге Притчей Соломоновых, 18:21, говорится: *«Смерть и жизнь – во власти языка, и любящие его вкусят от плодов его»*. В Евангелии от Матфея, 12:36-37, Иисус сказал: *«Говорю же вам, что за всякое праздное слово, какое скажут люди, дадут они ответ в день суда: ибо от слов своих оправдаешься и от слов своих осудишься»*. В этих двух отрывках сказано, что Бог заставит нас отвечать за свои слова, вынося соответствующий приговор.

Мы видим, что добрые слова истины приносят добрые плоды, а злые слова, исходящие из злых уст человека, не имеющего веры, приносят плоды злые. Иногда мы видим, как небрежно брошенные слова могут принести невыносимую боль и мучение.

Придется ответить за каждое слово

Бывает так, что человека преследует за веру вся его семья, и он говорит или просит в молитве: «Если моей семье для покаяния нужен несчастный случай, пусть так и будет». Как только враг - дьявол и сатана слышат эти слова, они обвиняют таких людей перед Богом, говоря: «Следует исполнить слова этого человека». Поэтому неосмотрительные слова действительно становятся зародышами будущих несчастных случаев, в результате которых люди становятся инвалидами и сталкиваются с дополнительными трудностями.

Нужно ли приносить страдание самому себе глупыми и ненужными словами? К сожалению, когда жизнь омрачается, многие произносят какие-то слова безотчетно. Другие даже не понимают, что трудности вызваны их собственными словами, а кто-то не помнит своих высказываний, породивших несчастия.

Поэтому, зная, что за каждое слово нам придется так или иначе ответить, мы всегда должны вести себя наилучшим образом и удерживать язык от зла. Независимо от вашего намерения, если произносимые вами слова не являются добрыми и благими, сатана может легко сделать, и непременно сделает, вас ответственными за них. Тогда вы испытаете мучительные и часто совсем ненужные скорби.

Что произойдет с тем, кто преднамеренно лжет о Божьей Церкви и Его возлюбленном слуге и таким образом затрудняет исполнение церковной миссии и противопоставляет себя Богу? Такой человек быстро попадет под влияние сатаны и подвергнется наказаниям в аду.

И далее - примеры наказаний, которые получают все те, кто своими словами препятствовал деяниям Святого Духа.

Люди, противоречащие Святому Духу

В течение долгого времени человек посещал наши собрания и служил в моей церкви, находясь на разных должностях. Однако он не обрезал свое сердце, что, безусловно, является самым важным требованием для христианина. Внешне этот человек казался полностью подходящим и верным работником, который любит Бога, церковь и прихожан.

Один член его семьи исцелился от неизлечимой болезни, которая могла бы превратить его в инвалида, а другой был на краю смерти, но воскрес. Семья имела большой опыт общения с Богом и получала от Него благословения, но этот человек не обрезал свое сердце и не отказался от зла.

Поэтому, когда вся церковь столкнулась с серьезными трудностями, члены его семьи поддались на искушение сатаны и совершили предательство. Забыв о благодати и благословениях, полученных им благодаря церкви, он оставил церковь, в которой долго служил. Более того, этот человек начал выступать против нашей церкви и вскоре, под видом евангелизации, стал посещать прихожан и причинять вред их вере.

Уйди он из церкви из-за неуверенности в своей вере, он, возможно, и смог бы обрести Божью милость, если бы молчал о тех вещах, в которых ничего не понимал, и старался бы отличать правильное от неправильного.

Тем не менее, этому человеку не удалось преодолеть в себе зло, и он слишком много грешил языком, поэтому теперь его ждет только мучительное наказание.

АД

Прижигание уст и скручивание тела

Посланец ада прижигает уста этого человека каленым железом, потому что он резко высказывался против Святого Духа. Подобное наказание получил Понтий Пилат, который своими устами приговорил невиновного Иисуса к распятию на кресте и теперь в Гадесе навеки лишился языка.

Кроме того, душа наказанного человека насильно вставлена в стеклянную трубу с пробками с обеих сторон, на которых установлены металлические рукоятки. Когда посланцы ада поворачивают эти рукоятки, тело пойманной души скручивается. Это делается все сильнее и сильнее, будто отжимают грязную воду из половой тряпки, и кровь струями стекает из глаз, носа, рта и всех других отверстий духовного тела. В конце концов вся кровь и жидкость выходят наружу. Вы можете представить, какую необходимо применить силу, чтобы выжать каплю крови, выкручивая свой палец? Кровь наказываемой души выдавливается не только из одной части тела, а со всего организма, от головы до пальцев ног.

Все кости и мышцы перекручены и раздавлены, а ее клетки расщеплены. Насколько это должно быть болезненно!

Наконец стеклянная трубка заполняется кровью и жидкостью тела настолько, что на расстоянии напоминает бутылку красного вина. После того как посланцы ада скручивают и скручивают духовное тело своей жертвы, пока не вытечет самая последняя капля, они на мгновение оставляют тело в покое, чтобы позволить ему восстановиться. Но разве эта душа может на что-то надеяться? После того как тело принимает обычный вид, пытка повторяется снова и снова.

Иначе говоря, мгновения между пытками души – это всего лишь продление самой пытки. За противостояние делу Божьего Царства уста этой души прижигаются, а в награду за активную помощь сатане из ее тела выдавливается все, до последней капли.

В духовном мире человек пожинает то, что он сеет, и то, что он сделал, к нему же возвращается. Пожалуйста, помните об этом, не поддавайтесь злу и живите, прославляя Бога добрыми словами и делами.

Механизмы для мучения

Эта душа лично испытала действие Святого Духа, исцелившись от своей болезни и немощи. После этого человек искренне молился об обрезании своего сердца. Святой Дух вел его в жизни и управлял им, что принесло свои плоды: упоминаемый человек завоевал похвалу и любовь прихожан, стал служителем.

Человек, схваченный своей собственной гордостью

Чем больше похвал и любви этот человек получал от окружающих его людей, тем более высокомерным он становился. Потом он уже не мог объективно оценивать себя и невольно прекратил освящение своего сердца.

Этот человек всегда отличался вспыльчивостью и завистью, и, вместо того чтобы изменить эти черты своего характера, он начал судить и обвинять тех, кто был прав, и проявлять недовольство по отношению к любому, кто не угождал ему или не соглашался с ним.

Поймавшись в сети собственной гордости и творимого им самим зла, человек продолжает совершать злые поступки, уже не ограничивая себя и не желая слушаться чьих-либо советов. Преумножая зло, эта душа оказалась в ловушке сатаны и явно восстала против Бога.

Спасение не завершено в тот момент, когда мы принимаем Святой Дух. Даже если вы исполнены Святым Духом, живете по благодати и служите Богу, вы похожи на бегуна марафонской дистанции, который все еще далек от финишной черты – очищения.

Независимо от того, как хорошо бежит атлет, если он останавливается или замедляет скорость, это не приносит ему ничего хорошего. Многие люди бегут к финишной черте – Небесам. Неважно, как быстро вы пробежали определенную дистанцию и насколько близко оказались от финишной черты: где вы остановитесь, там и будет для вас конец пути.

Не думайте, что твердо стоите

Бог говорит нам, что, если мы становимся «теплыми» в вере, Он отвергнет нас (Откровение, 3:16). Даже если вы человек веры, необходимо всегда исполняться Святым Духом, сохранять устремление к Богу и страстно желать Небесного Царства. Если вы прекращаете свой бег на полпути, то ничем не отличаетесь от тех, кто с самого начала не участвовал в соревновании, и вам не получить спасения.

По этой причине апостол Павел, который всем сердцем был верен Богу, признавался: *«Я каждый день умираю...»* и *«...усмиряю и порабощаю тело мое, дабы, проповедуя другим, самому не остаться недостойным»* (1-е посл. к Коринфянам, 15:31; 9:27).

Даже если вы поставлены на такую должность, когда можете учить других, если вы не будете отвергать свои собственные мысли и усмирять и порабощать свое тело, как Павел, Бог оставит вас. Это вызвано тем, что *«противник ваш диавол ходит, как рыкающий лев, ища, кого поглотить»* (1-е посл. Петра, 5:8).

В Первом послании к Коринфянам, 10:12, написано: *«Посему, кто думает, что он стоит, берегись, чтобы не упасть»*. Духовный мир бесконечен и наше становление в Боге тоже не имеет конца.

Так же, как земледелец сеет весной семена, выращивает их в течение лета и осенью собирает свой урожай, нам необходимо постоянно развиваться, чтобы подготовиться к встрече Господа Иисуса.

Скручивание и захват головы

Какие наказания ожидают душу человека, прекратившего обрезание своего сердца, поскольку он думал, что стоял твердо, но в конечном счете упал?

Этого человека пытает особый механизм, который похож на самого посланца ада, падшего ангела. Этот механизм в несколько раз больше посланца ада и вызывает в душе дрожь даже при одном взгляде на него. Машина имеет руки с острыми когтями, длиной в несколько метров. Этот большой механизм пыток своей правой рукой держит душу за шею и ногтями на левой руке скручивает голову, врезаясь в ее мозг. Невозможно представить боль, которую эта пытка вызывает.

Подобная физическая боль и душевное мучение от нее невыносимы. Глаза души становятся своего рода проектором слайдов, в которых ярко показаны ее самые счастливые моменты жизни: счастье, которое ощущал человек, испытав некогда Божью благодать и с радостью восхваляя Бога; время, когда он стремился исполнить Великое Поручение Иисуса Христа.

Душевное мучение и издевательство

Для души каждая из этих сцен как нож в сердце. Некогда этот человек был слугой Всемогущего Бога, полным надежды на постоянное пребывание в великолепном Новом Иерусалиме. Теперь он заключен в этом несчастном месте. Этот резкий контраст разрывает его сердце. Душа больше не может выносить пытку и закрывает руками кровавую и растрепанную голову и лицо. Человек просит о милосердии и прекращении пыток, но мучение бесконечно.

Через некоторое время машина пыток опускает душу вниз. Тогда посланцы ада, которые наблюдали за страданиями души, окружают человека и дразнят, говоря: «Как же ты мог оказаться слугой Бога? Ты стал апостолом сатаны, и теперь ты для него - развлечение».

Слыша насмешки и издевательства, он начинает рыдать и просить о милосердии, а в это время два пальца правой руки машины пыток захватывают его шею. Не обращая внимания на трепещущую душу, механизм поднимает ее на высоту своей шеи и острыми ногтями левой руки, протыкает голову. Вновь показывая слайды, машина пыток причиняет дополнительное мучение. Так будет продолжаться до Судного дня.

Привязывание к стволу дерева

Это наказание для одного из прежних Божьих слуг, который когда-то учил членов церкви и отвечал в церкви за многие важные дела.

Противостояние Святому Духу

Эта душа желала известности, материального преуспевания и силы. Этот человек старательно выполнял возложенные на него обязанности, но не понимал своей греховности. Однажды он прекратил молиться, таким образом перестав прилагать усилия к обрезанию своего сердца. Подспудно, подобно ядовитым грибам, в нем произросли все виды зла, и когда в церкви, в которой он служил, наступили трудности, его сразу обманул сатана.

Когда этот человек выступил против деяний Святого Духа, его грехи стали еще серьезнее, потому что он был руководителем своей церкви и плохо влиял на многих прихожан, препятствуя расширению Божьего Царства.

Человек, подвергнутый и пытке, и осмеянию

Этого человека наказали в Гадесе, привязав к стволу дерева. Его наказание не столь серьезно, как Иуды Искариота, но, однако, тяжелое и невыносимое.

Посланец ада показывает душе видения, на которых видны самые счастливые моменты ее жизни, главным образом того времени, когда он был верным Божьим слугой. Во время этой душевной пытки ему напоминается, что когда-то у него были счастливое время и возможность получить обильные Божьи благословения, но из-за жадности и лживости он так и не обрезал свое сердце и теперь испытывает здесь такое ужасное мучение.

С потолка свисают бесчисленные черные плоды, и после показа душе счастливых видений посланец ада указывает на потолок и дразнит человека, говоря: «Вот какие плоды принесла твоя жадность!». Когда плоды, один за другим, опускаются, оказывается, что это головы тех людей, которые за ним последовали. Эти люди совершили тот же грех противления Богу и, после ужасной пытки, остальную часть их тел отрезали. Остаются только их головы, которые свисают с потолка. Душа, привязанная к дереву, убеждала и искушала этих людей следовать путями его жадности и делать зло, поэтому они стали плодом его жадности.

Всякий раз, когда слуга ада дразнит его, такая насмешка служит сигналом к тому, чтобы эти плоды, один за другим, падали и разрывались. Затем голова с шумом выкатывается из мешка. Сцена, похожая на исторический фильм или боевик: отрезанная голова, растрепанные волосы, окровавленное лицо, вздувшиеся губы и выпученные глаза. Головы, которые падают с потолка, выглядят точно так же, как в этих драмах или фильмах.

Головы, упавшие с потолка, грызут душу

Когда с потолка падают ужасные головы, они, одна за

другой, цепляются за душу. Пред глазами души проходит другое видение, и посланец ада снова дразнит человека: «Смотри, вот твоя жадность!». Тогда с потолка падает другой мешок, разрывается, и еще одна голова цепляется за руки души, кусая их.

Подобным образом, всякий раз, когда посланец ада дразнит душу, с потолка, одна за другой, падают головы. Они свисают над телом души, подобно дереву, у которого много плодов. Боль от укуса этих голов хуже, чем от укусов животных. От острых зубов этих голов распространяется яд, который проникает повсюду: начиная от укушенных частей тела и до внутренних костей, делая тело твердым и темным. Душа очень хорошо знает, что наказана за свою жадность. Однако вместо того чтобы сожалеть или раскаиваться в своих грехах, человек проклинает другие души, чьи головы кусают и разрушают его тело. С течением времени и с усилением боли, эта душа становится еще более злобной.

Вы не должны совершать непростительных грехов

Я привел пять примеров наказаний, которым подвергаются люди, противостоящие Богу. У таких душ должны быть более тяжелые мучения, чем у многих других, потому что в определенный период своей жизни они работали для Бога, чтобы расширить Его Царство, были лидерами церкви.

Нам следует помнить, что многие из душ, которые попали в Гадес и подвергаются там наказаниям, думали, что верят в Бога, искренне и усердно служат Ему и Его церкви. Более того, необходимо помнить, что вы никогда не должны выступать против Святого Духа или хулить Его. Дух покаяния не дается тем, кто противостоит Святому Духу, потому что они выступили против Него после того, как выразили свою веру в Бога и лично испытали деяния Святого Духа. Поэтому они не в состоянии даже раскаяться.

С самого начала моего служения и до сегодняшнего дня я никогда не критиковал другие церкви или Божьих слуг и никогда не осуждал их как еретиков. Если другие церкви и пасторы верят в Триединого Бога, признают существование Небес и ада, проповедуя спасение через Иисуса Христа, как же они могут быть еретиками?

Кроме того, осуждать и клеймить Церковь или Божьего слугу, через кого явлены и подтверждены Божья власть и присутствие, означает прямо противостоять Святому Духу. Имейте в виду, что такой грех не прощается.

Поэтому до тех пор, пока не установлена истина, никто не может осуждать других за ересь. Я прошу вас: не грешите своими устами и не препятствуйте действию Святого Духа.

Если вы оставляете данные Богом обязанности

Никогда и ни при каких обстоятельствах мы не должны оставлять вверенные нам Богом обязанности. Иисус подчеркнул значение обязанностей человека в притче о талантах (От Матфея, 25).

Один человек собирался в путешествие. Он призвал своих слуг и поручил им свое состояние согласно способностям этих людей. Первому слуге он дал пять талантов, второму — два, и последний получил один талант. Первый и второй слуга пустили деньги в оборот, и каждый получил двойную прибыль.

Однако слуга, которому дали один талант, вырыл в земле яму и спрятал деньги своего хозяина. Вернувшись после долгого отсутствия, хозяин попросил у каждого отчета о том, как они распорядились деньгами. Люди, которые получили соответственно пять и два таланта, вернули деньги с удвоенной прибылью. Хозяин похвалил каждого из них, сказав: *«Хорошо, добрый и верный раб!»*. А человека, получившего один талант, хозяин отверг, потому что, вместо того чтобы работать и приносить прибыль, он просто спрятал талант.

«Талант» в этой притче относится к любым обязанностям, порученным нам Богом. Вы видите, что Бог отвергает того, кто исполняет только свои личные обязанности. Все же так много людей вокруг нас отказываются от данного Богом поручения. Следует понять, что те, кто отказываются от данных Богом поручений, несомненно, предстанут пред Судом.

Отвергните лицемерие и обрежьте свое сердце

Иисус говорил об освящении сердец, когда упрекал книжников и фарисеев в лицемерии. Книжники и фарисеи, казалось, жили правильной жизнью, но их сердца были исполнены зла, поэтому Иисус сравнил их с окрашенными гробами:

«Горе вам, книжники и фарисеи, лицемеры, что уподобляетесь окрашенным гробам, которые

снаружи кажутся красивыми, а внутри полны костей мертвых и всякой нечистоты; так и вы по наружности кажетесь людям праведными, а внутри исполнены лицемерия и беззакония» (От Матфея, 23:27-28).

Бесполезно прихорашиваться или надевать самую лучшую одежду человеку, чье сердце наполнено завистью, ненавистью и высокомерием. Больше всего Богу хочется, чтобы мы обрезали свои сердца и отвергли зло.

Все важно: проповедь Евангелия, забота о прихожанах и служение для церкви. Однако самое главное — любить Бога, жить в Свете, более уподобляясь Богу. Вы должны быть святыми, поскольку Бог свят, быть совершенными, так как Бог совершенен.

Если сегодня ваше ревностное служение Богу исходит не от искренности сердца и веры, то пыл может быстро пройти, и служение не будет угодно Богу. А если человек обрезает свое сердце, освящается и полностью отдает себя Богу, от его сердца начинает исходить благоухание, истинно радующее Господа.

Не важно, сколько вы узнали и усвоили из Божьего Слова, главное для вас - возделывать свой разум и жить по этому Слову. Я молюсь, чтобы вы не забывали о существовании мучений ада. Очищайте свои сердца, чтобы при возвращении Господа Иисуса Христа оказаться одними из первых, кто обнимет Его.

Сам Бог открыл мне это свидетельство об аде, и поэтому всё, что я пишу, – правда. Наказания в аду являются настолько ужасающими, что вместо их подробного описания я привел только несколько примеров адских пыток. Также имейте в виду, что среди многих людей, которые попали в Гадес, встречаются такие, кто когда-то был верен и предан Богу. Если вы прекращаете молиться и не освящаете свое сердце, вас обязательно начнет искушать сатана, он и будет подталкивать вас к тому, чтобы вы восстали против Бога и однажды попали в ад. Во имя Господа я прошу вас понять, насколько пугающим и несчастным местом является ад.

Я молюсь о том, чтобы вы стремились спасать души, усердно и горячо молились, проповедовали Евангелие и всегда проверяли себя для достижения полного спасения.

Глава 7

Спасение в период Великой Скорби

Достаточно внимательно посмотреть на события современной истории или на пророчества в Библии, чтобы понять, что наступило время, когда пришествие Господа уже близко. В последние годы происходят многочисленные землетрясения и наводнения, масштаб которых соответствует природным явлениям, происходящим один раз в сто лет.

Лесные пожары, ураганы и тайфуны приносят катастрофические разрушения и неисчислимые человеческие жертвы. В Африке и Азии многие люди страдают и умирают от голода, вызванного длительной засухой. В большей части мира, вследствие истощения озонового слоя, наблюдаются необычные природные явления.

Кажется, нет конца войнам и конфликтам между странами, террористическим актам и другим формам насилия. Злодеяния, преступающие все нравственные человеческие принципы, превратились в обыденность, о них только и говорят в средствах массовой информации. О таких явлениях еще две тысячи лет назад пророчествовал Иисус Христос, когда ответил на вопрос Своих учеников о признаках Его пришествия и кончины века (От Матфея, 24:3).

Как же актуальны сегодня следующие стихи из Писания: *«Ибо восстанет народ на народ, и царство на царство, и будут глады, моры и землетрясения по местам; все же это начало болезней»* (От Матфея, 24:7-8).

Если у вас есть истинная вера, вы должны знать, что день возвращения Иисуса совсем близок, и нам нужно бодрствовать подобно пяти мудрым девам (От Матфея, 25:1-13). Не поступайте подобно другим пяти девам, которые не заготовили достаточно масла для своих светильников.

Пришествие Христа и восхищение Церкви

Более двух тысяч лет назад наш Господь Иисус умер на кресте, на третий день воскрес из мертвых и вознесся на Небеса на глазах у многих людей. В Деяниях святых Апостолов, 1:11, говорится: *«Сей Иисус, вознесшийся от вас на небо, придет таким же образом, как вы видели Его восходящим на небо»*.

Иисус возвратится на облаках

Иисус Христос открыл путь спасения, взошел на Небеса, сел одесную Бога и готовит нам обители. Во время, которое выберет Бог, и когда будут подготовлены наши небесные обители, Иисус вернется за нами, *«чтобы и вы были, где Я»* (От Иоанна, 14:3).

Как произойдет возвращение Иисуса Христа? В Первом послании к Фессалоникийцам, 4:16-17, изображается сцена, в которой Иисус сойдет с Небес, в сопровождении бесчисленного небесного воинства и ангелов, вместе с умершими во Христе.

«Потому что Сам Господь при возвещении, при гласе Архангела и трубе Божией, сойдет с неба, и мертвые во Христе воскреснут прежде; потом мы, оставшиеся в живых, вместе с ними восхищены будем на облаках в сретение Господу на воздухе, и так всегда с Господом будем».

Пришествие Иисуса Христа на облаке в окружении и под охраной многочисленного небесного воинства и ангелов будет великолепным! Все спасенные верой «восхищены будут» в воздух и окажутся на Семилетнем Брачном пире.

Сначала воскреснут и поднимутся в воздух умершие и спасенные во Христе, а за ними последуют верующие, которые еще будут живы ко времени возвращения Иисуса, и их тела станут нетленными.

Взятие живыми на Небо, и Семилетний Брачный пир

Верующие «будут восхищены на облаках в сретение Господу на воздухе». Про какой «воздух» говорится в Первом послании к Фессалоникийцам, 4?

В Послании к Ефесянам, 2:2, сказано: *«... вы некогда жили, по обычаю мира сего, по [воле] князя, господствующего в воздухе, духа, действующего ныне в сынах противления»*. Слово «воздух» здесь относится к тому, на что распространяется власть злых духов.

Но в этой сфере злых духов не указано место проведения Семилетнего Брачного пира. Наш Бог Отец подготовил особое место для пира. Причина, по которой приготовленное для нас место названо «воздухом», совпадает по Библии с названием места пребывания злых духов в том, что оно действительно находится в том же самом пространстве.

Когда вы просто смотрите на небо, вам, наверное, трудно понять, где этот «воздух», где мы встретим Иисуса и где состоится Семилетний Брачный пир? Ответы на такие вопросы можно найти в моих книгах, которые называются *«Лекции по книге Бытие»* и *«Небеса»*. Я рекомендую свои работы, потому что христианам жизненно важно правильно понимать духовный мир и верить в Библию.

Только представьте радость всех верующих в Иисуса, приготовившихся как Его Невеста, когда они наконец встретят своего Жениха и окажутся на Брачном пире, который должен длиться в течение семи лет?

> *«Возрадуемся и возвеселимся и воздадим Ему славу; ибо наступил брак Агнца, и жена Его приготовила себя. И дано было ей облечься в виссон чистый и светлый; виссон же есть праведность святых. И сказал мне [Ангел]: напиши: блаженны званые на брачную вечерю Агнца. И сказал мне: сии суть истинные слова Божии»* (Откровение, 19:7-9).

Верующие, которые будут восхищены на воздух, получат

награду за то, что победили мир. А люди, оставшиеся на земле, будут страдать от бедствий невообразимых масштабов, вызванных злыми духами, которые при возвращении Иисуса будут изгнаны из воздуха на землю.

Семь лет Великой Скорби

В то время как спасенные верующие будут в течение семи лет наслаждаться Брачным пиром с Иисусом Христом, радуясь с Ним и планируя свое счастливое будущее, все люди, оставленные на земле, в течение семи лет испытают небывалые скорби и бедствия.

Третья мировая война и печать зверя

Во время будущей третьей мировой войны будет сожжена треть всех деревьев на земле и погибнет треть человечества. Будет трудно найти воздух для дыхания и очистить воду из-за сильного загрязнения, поэтому резко повысятся цены на продукты питания и товары первой необходимости.

Каждому человеку на правую руку или на лоб поставят начертание зверя – число «666». Без этого знака личность человека не будет идентифицирована, он не сможет осуществлять финансовые сделки, делать покупки.

«И он сделает то, что всем - малым и великим, богатым и нищим, свободным и рабам - положено будет начертание на правую руку их или на чело их, и что никому нельзя будет ни покупать, ни

продавать, кроме того, кто имеет это начертание, или имя зверя, или число имени его. Здесь мудрость. Кто имеет ум, тот сочти число зверя, ибо это число человеческое; число его шестьсот шестьдесят шесть» (Откровение, 13:16-18).

Среди оставленных на земле, после того как произойдет пришествие Иисуса и восхищение Церкви, будут люди, которые слышали Евангелие или ходили в церковь и теперь вспомнили Божье Слово.

Будут отошедшие от веры и те, кто думали, что верят в Бога, но оказались оставленными. Если бы они искренне верили Библии, то вели бы христианский образ жизни.

Но они всегда были «теплыми» и говорили себе: «Когда умрем, тогда и узнаем, действительно ли существуют Небеса и ад», и поэтому у них не было спасительной веры.

Наказания людям, принимающим начертание зверя

Такие люди поймут, что каждое слово в Библии истинно, только после того, как окажутся свидетелями восхищения Церкви. Они будут сокрушаться и горько плакать. Охваченные великим страхом, они раскаются в том, что не жили согласно Божьей воле, и начнут отчаянно искать путь ко спасению. Более того, зная, что начертание зверя приведет их только в ад, будут они делать все, что в их силах, чтобы не быть заклейменными. Так они будут доказывать свою веру.

«И третий Ангел последовал за ними, говоря громким голосом: кто поклоняется зверю и образу его и принимает начертание на чело свое или на руку свою, тот будет пить вино ярости Божией, вино цельное, приготовленное в чаше гнева Его, и будет мучим в огне и сере пред святыми Ангелами и пред Агнцем; и дым мучения их будет восходить во веки веков, и не будут иметь покоя ни днем, ни ночью поклоняющиеся зверю и образу его и принимающие начертание имени его. Здесь терпение святых, соблюдающих заповеди Божии и веру в Иисуса» (Откровение, 14:9-12).

Однако в мире, в котором правят злые духи, не просто будет отказаться от начертания числа зверя. Злые духи тоже знают, что люди получат спасение тогда, когда откажутся от начертания зверя и примут мученическую смерть. Поэтому злые духи легко не сдадутся.

Две тысячи лет назад, в период раннехристианской церкви, правители жестоко преследовали христиан, распиная, обезглавливая или отдавая их на растерзание львам. Если бы в течение Семи лет Великой Скорби людей преследовали, убивали таким же способом, очень многим было бы дано умереть быстрой смертью. Однако в течение этого семилетнего периода злые духи не позволят оставшимся людям легко умереть. Всеми возможными и доступными им средствами злые духи будут вынуждать людей отречься от Иисуса. Человеку не удастся избежать мучений, совершив самоубийство, потому что самоубийство ведет только в ад.

Те, кто станут мучениками

Я уже упоминал некоторые жестокие методы пыток, используемые злыми духами. В период Великой Скорби будут широко использоваться способы мучений, недоступные воображению людей. Поскольку эти мучения почти невозможно вынести, в этот период только небольшое количество людей действительно получит спасение. Поэтому мы должны духовно бодрствовать и иметь спасительную веру, которая вознесет нас на воздух во время пришествия Христа.

В молитве Бог показал мне видение, в котором к людям, оставшимся после восхищения Церкви, применяли все виды пыток. Я видел, что большинство людей не могло их вынести и в конце они уступали злым духам. С людей сдирали кожу, ломали суставы, отрубали пальцы рук и ног, обливали кипящим маслом. Те же, кто вытерпел собственные муки, не мог устоять при виде страданий своих пожилых родителей или маленьких детей и принимал начертание - «666».

Но небольшое число праведных людей преодолеют все искушения и пытки. Они обретут спасение. Несмотря на то, что это «позорное» спасение и такие люди попадут только в Рай, они будут очень благодарны и рады, что избежали ада.

Вот почему мы обязаны рассказывать о муках ада всему миру. Пусть сейчас они не обращают на это внимания, но в период Великой Скорби это поможет им проложить путь своего спасения.

Некоторые говорят, что умрут мученической смертью, чтобы получить спасение, если восхищение Церкви действительно произойдет, а они будут оставлены.

Однако, если у них нет веры сейчас, в мирное время, как же они будут отстаивать свою веру под жестокими пытками? Мы не можем даже предсказать, что произойдет с нами в следующие десять минут. Если они умрут прежде, чем получат возможность обрести спасение мученической смертью, их ждет только ад.

Мученическая смерть в период Великой Скорби

Чтобы помочь вам легче понять мучения во время Великой Скорби и остаться духовно бодрствующими, чтобы этого избежать, хочу рассказать об одной душе.

Получив Божью благодать, эта женщина стала видеть и слышать великие, славные и даже тайные Божьи дела. Но в ее сердце все еще коренилось зло и вера ее не была глубокой.

С такими дарами от Бога она выполняла важные обязанности, играя серьезную роль в расширении Божьего Царства и часто угождая Богу своими делами. Кто-то думает, что люди, выполняющие в церкви важные обязанности, обладают большой верой.

Но это не всегда так. Бог оценивает веру человека и знает, что многие люди далеки от «большой веры». Потому что Бог измеряет не плотскую, а духовную веру.

Бог хочет духовной веры

Давайте исследуем, что такое духовная вера на примере

исхода народа Израиля из Египта. Они стали свидетелями десяти Божьих казней Египетских. Народ видел, как расступились воды Красного моря и как утонул фараон и его армия. Бог водил их с помощью облачного столпа днем и огненного столпа - ночью. Каждый день они ели манну с небес, слышали Божий голос и видели, как Он действовал огнем.

Люди пили воду из скалы, после того как Моисей ударил по ней жезлом, и засвидетельствовали, что горькая вода Мерры стала сладкой. Хотя народ неоднократно наблюдал дела и знамения Живого Бога, он не обрел веры, которая была бы угодна Ему и которую Он мог принять. Поэтому они не смогли войти в обетованную землю Ханаана (Числа, 20:12).

Независимо от того, насколько хорошо человек знает Писание, сколько он видел и слышал о чудесах и знамениях Бога, если его вера не воплощается в делах, она не может быть истинной верой. Если у нас появляется духовная вера, мы не будем прекращать изучения Божьего Слова; станем послушными Слову, обрезая свои сердца и избегая всякого рода зло.

Наличие большой, то есть глубокой, веры или маленькой, поверхностной веры определяется степенью нашего послушания Божьему Слову, поведением и жизнью по Слову и сердцу Бога.

Повторное неповиновение из-за высокомерия

Женщина, о которой я начал свой рассказ, имела небольшую веру. Она старалась освящать свое сердце, но не смогла полностью оставить зло. Кроме того, поскольку по своему положению ей приходилось проповедовать Божье Слово, она стала еще более высокомерной.

Эта женщина думала, что обладает истинной и глубокой верой. Она зашла очень далеко, предположив, что без ее присутствия или помощи нельзя исполнить Божью волю. Все более и более ей хотелось личной славы вместо того, чтобы воздавать славу Богу за полученные от Него дары. Кроме того, она использовала Божье имущество для удовлетворения желаний своей греховной природы.

Женщина неоднократно проявляла непослушание, вплоть до того, что, когда Бог указывал ей двигаться на восток, она устремлялась на запад. Причина, по которой Бог оставил Саула, первого царя Израиля, заключалась в его неповиновении (1-я кн. Царств, 15:22-23). Если даже люди когда-то были инструментом в руках Божьих и Он использовал их для расширения Божьего Царства, но они стали проявлять неповиновение, Бог отвернется от них.

Так как женщина знала Слово, ей были известны ее грехи, и она неоднократно каялась. Однако ее молитва покаяния исходила из уст, а не из сердца. Она постоянно совершала те же самые прегрешения, тем самым лишь увеличивая высоту стены греха между собой и Богом.

Во Втором послании Петра, 2:22, говорится: *«Но с ними случается по верной пословице: пес возвращается на свою блевотину, и вымытая свинья [идет] валяться в грязи»*. После покаяния в своих грехах женщина вновь, один за другим, совершала те же самые грехи.

А когда ее собственное высокомерие, жадность и бесчисленные грехи овладели ею настолько, что Бог оставил ее, она стала орудием сатаны в противостоянии Богу.

Когда дается последняя возможность для покаяния

Выступающие против Святого Духа или хулящие Его не могут быть прощены. У них больше никогда не будет возможности раскаяться, и свои дни они закончат в Гадесе.

Но с этой женщиной Бог поступил по-другому. Несмотря на все грехи и зло, которые много раз разочаровывали Бога, Он все же оставил ей последнюю возможность для покаяния. Это вызвано тем, что когда-то Бог работал через нее для Своего Царства. Хотя женщина и прекратила исполнение своих обязанностей, забыла об обещанной славе и награде Небес, именно потому, что она в свое время угождала Богу,

Он дал ей единственный, последний шанс. Эта женщина все еще противостоит Богу, и Святой Дух в ней угас. Однако особой Божьей благодатью в период Великой Скорби женщина получит единственную и последнюю возможность покаяться и получить спасение через мученическую смерть.

Ее разум все еще в ловушке сатаны, но после восхищения Церкви она все поймет. Поскольку ей очень хорошо известно Божье Слово, она также хорошо осознает, что ее ждет. Поняв, что мученическая смерть - единственный способ обрести спасение, женщина полностью раскается, соберет вокруг себя оставленных христиан, чтобы вместе с ними поклоняться, восхвалять Господа и молиться, готовясь к мученической смерти.

Мученическая смерть и «позорное» спасение

Когда придет время, женщина откажется принять печать «666» и ее заберут для пыток. С нее, слой за слоем, снимут кожу. С помощью огня выжгут самые уязвимые области тела. Для этой женщины изобретут особый, наиболее болезненный и долгий метод пыток. Скоро вся комната заполнится запахом горящей плоти. Ее тело будет все в крови, от головы до пальцев ног, голова опущена, а лицо приобретет темно-синий оттенок, напоминающий труп.

Если она сможет до конца вынести это мучение, несмотря на свои бесчисленные грехи и прошлое зло, она получит, по крайней мере, «позорное» спасение и войдет в Рай. Там, на окраинах Небес и в самом удаленном месте от Божьего Престола, женщина будет плакать и сожалеть о своих делах, совершенных в этой жизни. Конечно, она испытает благодарность и радость от того, что обрела спасение. Все же всю грядущую вечность ей придется сожалеть и стремиться в Новый Иерусалим, говоря: «Если бы только я отвергла зло и искренне исполняла Божьи дела, то оказалась бы в самом великолепном месте, в Новом Иерусалиме ... ». Когда она увидит людей, которых знала в этой жизни, обитающих в Новом Иерусалиме, то всегда будет чувствовать стыд и беспокойство.

Если она примет начертание зверя

Если женщина не вынесет пыток и примет перед наступлением Тысячелетнего Царства начертание зверя, то будет распята на кресте в Гадесе, по правую сторону от Иуды Искариота. Это наказание в Гадесе — копия той пытки, которую ей приготовили в период Великой Скорби. Более тысячи лет кожа женщины будет сниматься, и ее неоднократно станут прижигать огнем.

Посланцы ада и все те, кто совершил зло, последовав за ней, станут пытать эту женщину. Они также будут наказаны согласно их злым делам, и эти души изольют на нее свою боль и гнев.

В Гадесе таких людей ждет наказание до конца Тысячелетнего Царства. После Суда эти души попадут в ад, горящий огнем и серой, где их ждут более тяжкие наказания.

Второе пришествие Христа и Тысячелетнее Царство

Иисус Христос вернется на облаках и восхищенные будут радоваться вместе с Ним на Брачном пире. А в это время начнется период Великой Скорби со злыми духами, вытесненными из воздуха.

Потом Иисус Христос возвратится на землю и наступит Тысячелетнее Царство Христа. Злые духи будут заключены в Бездне. Пришедшие на Семилетний Брачный пир и умершие мученической смертью во время Великой Скорби станут править землей, пребывая в любви Иисуса Христа в течение тысячи лет.

> «Блажен и свят имеющий участие в воскресении первом: над ними смерть вторая не имеет власти, но они будут священниками Бога и Христа и будут царствовать с Ним тысячу лет» (Откровение, 20: 6).

Небольшое число плотских людей, переживших Великую Скорбь, также будут жить на земле в течение Тысячелетнего Царства. Однако для уже умерших и не получивших спасения продолжатся пытки в Гадесе.

Тысячелетнее Царство

Во время Тысячелетнего Царства люди будут наслаждаться мирной жизнью, как в Эдемском саду, потому что злых духов не будет. Иисус Христос и спасенные духовные люди будут жить отдельно от плотских в городе, напоминающем замки царей.

Духовные люди станут обитать в городе, а плотские, пережившие Великую Скорбь, останутся за его пределами. Перед наступлением Тысячелетнего Царства Иисус Христос очистит землю.

Грязный воздух Он сделает чистым, обновит деревья, растения, горы и реки. Он создаст прекрасную природную среду. Плотские люди постараются произвести как можно больше детей, потому что их останется немного.

Благодаря чистому воздуху и отсутствию злых духов не будет болезней и зла. Неправедность и зло в сердце плотских людей в это время не проявятся, потому что источниками зла являются духи, заключенные в Бездне. Подобно дням до Ноя, люди будут жить в течение сотен лет, и скоро земля заполнится людьми. Люди прекратят есть мясо и ограничатся растительной пищей, потому что вообще не будут уничтожать никакую жизнь. Им потребуется много времени, чтобы достигнуть уровня сегодняшнего развития науки, так как большая часть цивилизации будет разрушена войнами периода Великой

Скорби. Постепенно уровень цивилизации может достигнуть того, который у нас сейчас, поскольку возрастут их мудрость и знание.

Духовные и плотские люди обитают вместе

Духовные люди, живущие на земле с Иисусом Христом, будут питаться не так, как плотские люди, потому что их тела уже преобразовались в воскресшие, духовные тела. Их пищей будет аромат цветов, но по желанию они смогут употреблять в пищу то же, что и плотские люди. Однако духовный человек не будет получать удовольствия от физической пищи.

Пища не будет выделяться в переработанном виде как у плотских людей. Мы читаем в Писании, что воскресший Иисус выдохнул после того, как ел рыбу вместе с учениками, так и у духовного человека переработанная пища будет распадаться в воздухе через дыхание.

Духовные люди будут проповедовать и свидетельствовать плотским людям об Иисусе Христе, чтобы в конце Тысячелетнего Царства, когда злых духов на короткое время выпустят из Бездны, плотский человек выстоял в искушениях. Приходит время Суда, поэтому Бог заключил злых духов в Бездне не навечно, а только на период в тысячу лет (Откровение, 20:3).

В конце Тысячелетнего Царства

Когда Тысячелетнее Царство закончится, заключенные в Бездну на тысячу лет злые духи на короткое время будут выпущены. Они начнут искушать и обманывать плотских людей, которые до этого жили мирно. Большинство из плотских людей, поддадутся искушению и обману, хотя духовные люди и предупреждали их. Несмотря на предупреждения духовных людей, плотские люди, тем не менее, поддавшись искушению, замыслят противостояние и пойдут войной на духовных людей.

«Когда же окончится тысяча лет, сатана будет освобожден из темницы своей и выйдет обольщать народы, находящиеся на четырех углах земли, Гога и Магога, и собирать их на брань; число их - как песок морской. И вышли на широту земли и окружили стан святых и город возлюбленный. И ниспал огонь с неба от Бога и пожрал их» (Откровение, 20:7-9).

Однако Бог уничтожит огнем плотских людей, которые развяжут войну. После Суда Великого Белого Престола, злые духи, выпущенные на короткое время, отправятся назад, в Бездну.

В итоге, плотские люди, число которых за время Тысячелетнего Царства увеличилось, предстанут на Суд Божьей справедливости. С одной стороны, все те, кто не получил спасения, и среди них люди, выжившие в течение Семи лет Великой Скорби, низвергаются в ад. С другой стороны, те, кто обрел спасение, взойдут на Небеса и, согласно их вере, будут постоянно находиться в различных местах Небес, то есть в Новом Иерусалиме, Раю и т.д.

После Суда Великого Белого Престола духовный мир разделится на Небеса и ад. Я объясню это в следующей главе.

Подготовка к тому, чтобы стать прекрасной Невестой Господа

Чтобы не остаться на земле в период Великой Скорби, вы должны подготовить себя как прекрасную Невесту Иисуса Христа и приветствовать Его во время пришествия.

В Евангелии от Матфея, 25:1-13, изложена притча о десяти девах, которая служит хорошим уроком для всех верующих. Даже если вы исповедуете веру в Бога, вы можете оказаться не готовыми к встрече Жениха, Иисуса Христа, если у вас не будет достаточного количества масла для светильника. Пять дев приготовили масло и смогли приветствовать Жениха и войти на брачный пир. У других пяти дев не хватило масла, и их не допустили к участию в пире.

Как подготовиться подобно пяти мудрым девам и стать Невестой Господа, избежать Великой Скорби и принять участие в Брачном пире?

Усердно молиться и оставаться бдительным

Если вы новообращенный и вера ваша слаба, но вы стараетесь освящать свое сердце, Бог сохранит вас среди огненных испытаний. Независимо от того, насколько трудны обстоятельства, Бог окружит человека теплом и заботой и поможет преодолеть любые испытания.

Но если человек прекратил молиться, очищаться и освящать сердце, Бог не может защитить его, сколько бы лет он ни считал себя верующим, исполняя данные Богом обязанности и хорошо зная Божье Слово.

Когда вы сталкиваетесь с трудностями, для их

преодоления необходимо уметь различать голос Святого Духа. Но если не молиться, то как услышать голос Святого Духа и вести жизнь победителя? Поскольку вы не полностью исполнены Святым Духом, сатана начнет вас искушать, вы будете все более и более полагаться на свое мнение и начнете оступаться.

В последние дни мира злые духи бродят вокруг, подобно рыкающим львам, в поиске кого поглотить, потому что знают: их конец близок. Мы часто видим, как ленивый студент, очнувшись перед самым экзаменом, перестает спать и начинает зубрить материал. Подобно этому примеру, если вы верующий и знаете, что мы живем в последние дни, вам необходимо бодрствовать и готовить себя как прекрасную Невесту Господа.

Откажитесь от зла и уподобьтесь Господу

Что такое духовно бодрствовать? Это значит - всегда молиться, исполняться Святым Духом, верить в Божье Слово и жить согласно ему. Бодрствуя, вы имеете общение с Богом, поэтому злые духи вас не искушают. Вы легко преодолеете любые испытания, потому что Святой Дух предупреждает вас о том, что может произойти, направляет и позволяет понять Слово истины. Духовно спящие не способны услышать голос Святого Духа, так что их легко соблазняет сатана, и их настигнет погибель. Бодрствующие «обрезают сердце», живут по Слову и становятся освященными.

Английский перевод Откровения, 22:14, гласит: *«Блаженны те, кто омоет свои одежды. У них будет право вкусить от древа жизни, пройти через ворота и войти в город».* В этом стихе слово «одежды» означает парадные облачения, приготовленные для торжественных случаев. В духовном смысле «одежда» символизирует ваше сердце и ваше поведение. «Омывать одежды» - значит отвергать зло и следовать Божьему Слову, чтобы стать духовным и все более уподобляться Иисусу Христу. Те, кто освящается на этом пути, получают право войти в небесные врата и насладиться вечной жизнью.

Люди, которые в вере «омывают свои одежды»

Как «омыть свои одежды»? Сначала необходимо «обрезать сердце» словом истины и усиленной молитвой. Другими словами, вам следует выбросить любую неправду и зло из своего сердца и заполнить его истиной. Так же, как чистой водой отстирывается грязь с одежды, и мы должны водой жизни, то есть Божьим Словом, смыть со своего сердца грехи, беззаконие и зло, облачиться в одежды истины и уподобиться Иисусу Христу. Бог благословит любого, кто проявит свою веру в делах и обрежет свое сердце.

В Откровении Иоанна Богослова, 3:5, говорится: *«Побеждающий облечется в белые одежды; и не изглажу имени его из книги жизни, и исповедаю имя его пред Отцем Моим и пред Ангелами Его».* Люди, которые преодолевают испытания в вере и живут в истине, будут наслаждаться вечной жизнью на Небесах, потому что у них есть сердце, наполненное истиной, и в нем нет зла.

А люди, которые остаются во тьме, не имеют никакого отношения к Богу, потому что, независимо от того, как долго они могли считать себя христианами, про них сказано: «*...ты носишь имя, будто жив, но ты мертв*» (Откровение, 3:1). Поэтому всегда надейтесь только на Бога, который судит не по внешности, а по нашим сердцам и делам. Всегда молитесь и повинуйтесь Божьему Слову, чтобы достигнуть совершенного спасения.

Многие отцы веры, будучи побиваемы камнями и распинаемы, воздавали Богу благодарность, потому что имели надежду на встречу с Женихом - Господом Иисусом Христом. Прекратив молиться и освящать сердце, вы будете безоружны перед сатаной и обязательно отступитесь от истины.

Продолжая духовное бодрствование, отбрасывая грехи и зло, преодолевая все верой, вы становитесь прекрасной Невестой Христа. Я молюсь во имя Иисуса Христа, чтобы, обретя спасение, вы не успокаивались, но крепко стояли в вере и старательно подготавливались к встрече как прекрасная Невеста Иисуса Христа!

Глава 8

Наказания в аду после Великого суда

С пришествием Христа на этой земле начнется Тысячелетнее Царство, и затем последует Суд Великого Белого Престола. Суд, который определит человеку его место - на Небесах или в аду, награду или наказание, оценит каждого в соответствии с тем, что он сделал в этой жизни. Поэтому одни будут наслаждаться вечным счастьем на Небесах, а другие - испытывать вечное наказание в аду. Рассмотрим подробнее, что такое Суд Великого Белого Престола, который определит место вечного пребывания человека, и что представляет собой ад.

Неспасенные души после Суда попадут в ад

В июле 1982 года, готовясь к началу своего служения, я много молился. Во время молитвы Бог дал мне понимание Суда Великого Белого Престола. Бог показал мне сцену, в которой Он сидит на Своем Престоле, Господь Иисус Христос и Моисей стоят перед Престолом и теми, кому отводится роль присяжных. Хотя Бог судит так точно и справедливо, как ни один судья в мире, Он будет принимать решения не один. На Суде Иисус Христос из любви к нам будет защищать нас. Моисей – обвинять по Закону, а люди будут исполнять роль присяжных заседателей.

Суд определяет наказания в аду

В Откровении Иоанна Богослова, 20:11-15, сказано, с какой точностью и справедливостью Бог судит. Приговор выносится по книге жизни, в которой записано имя спасенного человека, а также книг, где описаны все дела людей:

> «И увидел я великий белый престол и Сидящего на нем, от лица Которого бежало небо и земля, и не нашлось им места. И увидел я мертвых, малых и великих, стоящих пред Богом, и книги раскрыты были, и иная книга раскрыта, которая есть книга жизни; и судимы были мертвые по написанному в книгах, сообразно с делами своими. Тогда отдало море мертвых, бывших в нем, и смерть и ад отдали мертвых, которые были в них; и судим был каждый по делам своим. И смерть и ад повержены в озеро огненное. Это - смерть вторая. И кто не был записан в книге жизни, тот был брошен в озеро огненное».

Слово «мертвые» относится здесь ко всем, кто не принял Христа как своего Спасителя, и к тем, чья вера мертва. Когда придет время Божьего выбора, «мертвые» воскреснут и, в ожидании Суда, встанут перед Престолом

Бога. Книга жизни открыта перед Божьим Престолом.

Помимо книги жизни, в которой перечислены имена всех спасенных людей, имеются и другие книги, в которых записан каждый поступок мертвого человека. Ангелы записывают все наши дела, слова и мысли, например, ругательства, рукоприкладство, гнев, добрые поступки и так далее. Так же, как мы сохраняем некоторые события и разговоры с помощью видеокамеры или диктофона, Всемогущий Бог хранит все, что происходило с человеком во время его жизни на земле.

Поэтому в Судный день Бог справедливо оценит всех, согласно записям в этих книгах. Неспасенные, будут судимы по своим злым делам и, в зависимости от тяжести совершенных грехов, получат различные виды наказаний, навеки оставшись в аду.

Озеро огненное или озеро, горящее серой

Фраза «отдало море мертвых, бывших в нем» не означает, что море выбросило тех, кто в нем утонул. Духовное значение слова «море» в этом тексте – мир. Жившие в этом мире и возвратившиеся в прах воскреснут, чтобы предстать на Суде перед Богом.

Что же означает фраза «смерть и ад отдали мертвых, которые были в них»? Это относится к тем, кто страдал в Гадесе. Они также воскреснут и предстанут перед Богом, чтобы услышать вынесенный приговор. После Божьего Суда большинство из страдавших в Гадесе будет брошено или в огненное озеро, или в озеро, горящее серой, в зависимости от степени их грехов, потому что, как упомянуто выше, в Гадесе наказания совершаются до Суда

Великого Белого Престола.

> *«Боязливых же и неверных, и скверных и убийц, и любодеев и чародеев, и идолослужителей и всех лжецов - участь в озере, горящем огнем и серою; это - смерть вторая» (Откровение, 21:8).*

Наказания в озере огненном нельзя сравнить с теми, которые происходили в Гадесе. Это место, *«где червь их не умирает и огонь не угасает. Ибо всякий огнем осолится»* (От Марка, 9:48-49). Более того, озеро, горящее серой, в семь раз горячее озера огненного.

До Суда людей мучили насекомые и звери, их пытали посланцы ада, они страдали от других видов наказаний в Гадесе, который служит местом ожидания по пути в ад. После Суда останется только боль от пребывания в озере огненном и озере, горящем серой.

Мучения в огненном и горящем серой озерах

Когда в своих проповедях я рассказывал об ужасных сценах Гадеса, многие члены церкви не могли сдерживать слез, потому что переживали за тех своих близких, кто попадет в такое страшное место. Однако страдания от наказания в озерах, огненном или горящем серой, намного суровее, чем любое мучение в Гадесе. Кто может представить хоть часть тех мучений? Даже если мы попробуем это сделать, мы, находящиеся во плоти, не сможем понять всего до конца, в силу ограниченности нашего духовного восприятия.

Точно так же, мы не в состоянии полностью понять

славу и красоту Небес. Само слово «вечность» не до конца осознается человеком, мы лишь можем догадываться, что это такое. Если постараться вообразить жизнь на Небесах, основываясь на понятиях «радость», «счастье», «очарование», «красота», все равно нам не представить той жизни, которая однажды будет у нас на Небесах. Когда вы действительно окажетесь на Небесах, увидите все своими глазами и поймете какая жизнь вам предстоит, то вы изумитесь и не сможете произнести ни слова. Нам никогда полностью не понять глубину и степень страданий в аду, потому что это выходит за рамки нашего физического мира.

Те, кто попадет в озера, огненное или горящее серой

Я приложу максимум усилий, но, несмотря на это, пожалуйста, поймите, что ад – это не то, что поддается описанию словами человеческого языка. И даже если мне удастся рассказать об этом, мое описание не отразит и миллионной доли истинных ужасов ада. Страдания осужденных душ усиливаются от осознания ими бесконечности своих мучений, которые никак не ограничены во времени.

После Суда Великого Белого Престола те, кто получил первый и второй уровни наказания в Гадесе, будут брошены в озеро огненное. Людей, получивших третий и четвертый уровни наказания, кинут в озеро, горящее серой. Души, находящиеся в Гадесе в данный момент, знают, что приближается Суд, и им известно, где они окажутся после него. Во время пыток насекомыми и посланцами ада эти души видят в аду огненное и горящее серой озера и хорошо понимают, что их наказание продолжится там.

Поэтому в Гадесе души страдают не только от физической, но и душевной боли, вызванной страхом ожидания Суда.

Плач души в Гадесе

В то время как я молился и просил Бога показать мне Святым Духом, что такое ад, Бог позволил мне услышать крики плача одной души в Гадесе. Читая эту исповедь, попробуйте почувствовать страх и отчаяние, охватившие эту душу:

«На что стало похоже мое тело?
Разве так я выглядел, когда жил на земле?
Каким я стал ужасным и отталкивающим!

Как освободиться от этой бесконечной боли и отчаяния?
Что надо сделать, чтобы выйти отсюда?
Могу ли я умереть? Что мне делать?
Дайте мне передохнуть,
я не могу больше выносить вечное наказание.
Есть ли способ сократить эту проклятую жизнь
в такой невыносимой боли?

Я пытался убить себя, но не могу умереть.
Нет конца ... просто нет конца ...
Нет конца мучению моей души.
Нет конца моей ужасной жизни.
Как же это описать словами?

Скоро меня бросят
в широкое и бездонное озеро огненное.
Как же это вынести?

Мучение здесь невыносимо!
Бушующее озеро огненное -
очень страшное, глубокое и горячее.
Как вынести муки?
Как же этого избежать?
Как избежать этого мучения?

Если бы я был жив ...
Если бы мне дали такую возможность ...
Только бы мне освободиться ...
По крайней мере, я бы поискал выход,
но я не вижу выхода.

Здесь только тьма, отчаяние и боль,
разочарование и муки.
Как же вынести эти пытки?
Если бы только Он открыл дверь для жизни ...
Если бы только я смог увидеть выход ...

Умоляю, спаси меня. Умоляю, спаси меня.
Я боюсь, мне страшно и трудно.
Умоляю, спаси меня. Умоляю, спаси меня.
Мои дни проходят в боли и отчаянии.
Неужели мне придется войти в огненное озеро?
Умоляю, спаси меня!
Умоляю, посмотри на меня!
Умоляю, спаси меня!

Умоляю, помилуй меня!
Умоляю, спаси меня!
Умоляю, спаси меня!».

Как только вы попадаете в Гадес

Закончив жизнь на земле, никто не получает «второго шанса». Вам придется носить груз каждого совершенного поступка.

Когда люди слышат о существовании Небес и ада, некоторые говорят: «После своей смерти узнаю, что будет». Но после смерти уже будет поздно. Поскольку после смерти нет возможности вернуться, лучше иметь ясное представление о будущем, прежде чем вы умрете.

Попав в Гадес, как бы вы ни сожалели, сколько бы ни каялись и молили Бога, вы не сможете уклониться от неизбежных и ужасных наказаний. Там нет надежды на будущее, есть только бесконечное мучение и отчаяние. Плачущая душа, подобно той, о которой я написал выше, слишком хорошо знает, что пути назад нет, как и нет возможности спасения. Однако душа взывает к Богу «на всякий случай». Душа просит милосердия и спасения.

Плач этой души превращается в вопль, который просто витает в пространстве ада и исчезает. Конечно, безответно. Жалобное покаяние людей в Гадесе не является искренним и честным. На самом деле эти души очень озлоблены, они проклинают Бога, зная, что их вопли бесполезны, так как их сердца наполнены злом, Становится очевидным, почему такие люди не смогли попасть на Небеса.

Огненное озеро и озеро, горящее серой

В Гадесе души могут, по крайней мере, просить, упрекать и плакать, задаваясь вопросом, почему они сюда попали. Они боятся озера огненного и думают о том, как прекратить мучения, как убежать от посланцев ада.

После того как человека бросят в огненное озеро, из-за мучения и бесконечной боли он, однако, уже ни о чем не сможет думать. Наказания в Гадесе были относительно легкими по сравнению с тем, что происходит в озере огненном. Наказание там несравнимо мучительнее. Оно настолько болезненно, что человеческим умом мы не в состоянии этого ни понять, ни вообразить. Насыпьте немного соли на горячую сковороду и посмотрите на спекшуюся соль: так сгорают души в озере огненном. Также вообразите, что находитесь в водоеме кипящей воды. Озеро огненное намного горячее, чем кипящая вода, а температура озера, горящего серой, в семь раз превосходит его температуру. Попав туда, человек не имеет возможности выйти и во веки веков будет там страдать. Намного легче перенести первый, второй, третий и четвертый уровни наказаний в Гадесе, в ожидании Суда.

Почему же Бог позволяет им страдать тысячу лет в Гадесе, прежде чем отправить в озеро огненное или озеро, горящее серой? Неспасенные люди получают возможность поразмышлять о самом себе. Бог хочет, чтобы человек понял, что предопределило его попадание в столь жуткое место, как ад, и полностью раскаялся в своих грехах. Однако найти раскаивающихся там чрезвычайно трудно. Попавшие туда ожесточаются еще сильнее и источают еще больше зла. Теперь мы знаем, почему Богу пришлось создать ад.

Быть осоленным огнем в озере огненном

Когда в 1982 году я молился, Бог показал мне, как будет происходить Суд Великого Белого Престола, и ненадолго показал огненное озеро и озеро, горящее серой. Эти два озера оказались очень обширными.

Издалека и озера, и души в них напоминали людей у горячих источников. Некоторые люди были погружены по грудь, в то время как другие — по самую шею, были видны только их головы.

В Евангелии от Марка, 9:48-49, Иисус сказал об аде, как месте, *«где червь их не умирает и огонь не угасает. Ибо всякий огнем осолится»*. Вы можете вообразить, как это больно? Поскольку эти души пробуют выйти, то они подпрыгивают, как спекающиеся кристаллы соли на горячей сковороде, и скрежещут зубами.

Во время спортивных игр или танцев люди прыгают в свое удовольствие. Через некоторое время, утомившись, они дают себе отдых. В аду, однако, души прыгают не от удовольствия, а от мучительной боли и не получают ни минуты покоя. Они громко кричат от боли, начинают бредить, их блуждающие глаза темнеют и наливаются кровью. Мозг человека не выдерживает и разрывается. Но души не могут выйти оттуда, несмотря на все попытки. Они пробуют отодвинуться и топтать друг друга, но это бесполезно. На каждом сантиметре огненного озера, с одного берега которого не видно другой, поддерживается та же самая температура, которая не уменьшается даже с течением времени. До Суда Великого Белого Престола Люцифер управляет Гадесом. Своей силой и властью он определяет все наказания. После Суда Бог будет назначать наказания, согласно Своему провидению и силе. Поэтому температура всего огненного озера всегда поддерживается на одном уровне.

Этот огонь заставит души страдать, но не уничтожит их. Так же, как и в Гадесе, где части тела восстанавливаются даже после того, как их разрезали или разорвали, в аду они тоже быстро обретают свою прежнюю форму.

Там опаляют все тело и его органы

Как наказывают души в озере огненном? Вы когда-нибудь читали в комиксах или видели в мультфильмах, как происходит казнь высоким напряжением на электрическом стуле? В момент казни на этом стуле тело человека превращается в скелет с контуром темного цвета. Когда ток перестают подавать, тело приходит в норму. Или вспомните рентгеновские снимки, на которых можно увидеть внутренние органы или скелет человеческого тела. Таким же образом души в огненном озере показываются на одно мгновение в своей физической форме. В следующий момент их тел уже не видно, видимым остается только дух человека. И так повторяется бесконечное количество раз. В опаляющем огне тела сжигаются и исчезают, а затем опять восстанавливаются.

Пациенты, перенесшие ожоги третьей степени, говорят, что ощущение будто все тело сдавливается настолько нестерпимо, что люди сходят с ума. Никто не может понять степень этой боли, пока сам не испытает ее. Боль кажется нестерпимой, даже если обожжены только руки. Вообще ощущение сдавливания после ожога не сразу уходит, оно длится в течение нескольких дней. Огненный жар опаляет тело и повреждает клетки, а порой, даже и сердце. Насколько же болезненнее будет наказание, когда все тело, вплоть до внутренних органов, испепеляется огнем, потом все восстанавливается на краткий миг и пытка повторяется снова?

Души в огненном озере не могут выносить боль, но им не дано потерять сознание, умереть или получить кратковременный отдых.

Озеро, горящее серой

Озеро огненное – это место наказания для тех, чьи пригрешения относительно легкие, и поэтому они получили первый или второй уровень наказаний в Гадесе. Люди, совершившие более тяжкие грехи и обреченные на страдания на третьем и четвертом уровнях наказаний в Гадесе, попадут в озеро, горящее серой, которое в семь раз горячее огненного озера. Как упоминалось выше, оно ожидает тех, кто выступал против Святого Духа, противостоял Ему и хулил Его; кто снова и снова распинал Иисуса Христа, предал Его, продолжал преднамеренно грешить, заглушив свою совесть, идолопоклонствовал; кто грешил против Бога злыми делами. Это место ожидает лжепророков и учителей, которые учили неправде.

Все огненное озеро заполнено «красным» огнем. Озеро, горящее серой, заполнено скорее «желтым», чем «красным» огнем, и пузыри размером с тыкву бурлят по всей его поверхности. Души в этом озере полностью погружены в бурлящую массу горящей серы.

Существует только боль

Как можно объяснить боль в озере, горящем серой, которое в семь раз горячее огненного озера? Это можно сравнить с попаданием внутрь человеческого организма расплавленного металла из доменной печи. Как вы думаете, это больно? Внутренние органы человека сгорят, когда в его желудок через горло попадет жидкое вещество с температурой, способной расплавить твердый металл.

В озере огненном души могут, по крайней мере, подпрыгнуть или закричать от боли. В озере, горящем серой, однако, души не в состоянии стонать или думать, поскольку подавлены болью. Степень мучения, которое придется выносить в озере, горящем серой, нельзя описать никакими средствами или словами. Более того, души должны страдать там вечно. Как описать словами этот вид пытки?

Некоторые остаются в Гадесе даже после Суда

Спасенные люди ветхозаветного времени находились в Верхней могиле до Воскресения Иисуса Христа. После Его Воскресения они попали в Рай и будут оставаться в месте ожидания в Раю, пока не произойдет Второе пришествие Господа. Спасенные новозаветного времени в течение трех дней находятся в Верхней могиле и приходят в место ожидания в Раю, чтобы там ждать Второго пришествия Иисуса Христа.

Однако неродившиеся дети, которые умирают в утробе матери, не попадают в Рай ни после Воскресения Иисуса Христа, ни даже после Суда. Они навсегда остаются в Верхней могиле.

Для тех, кто в настоящее время страдает в Гадесе, есть исключения. Эти души не попадают в озеро огненное или озеро, горящее серой, даже после Суда. Кто они?

Дети, умершие до достижения половой зрелости

Среди неспасенных – зародыши, умершие вследствие прерывания беременности на сроке от шести месяцев или больше, и дети, не достигшие половой зрелости, в возрасте до двенадцати лет. Такие души не попадают ни в огненное озеро, ни в озеро, горящее серой. Это объясняется тем, что, хотя в Гадес их привело собственное зло, на момент смерти они не были достаточно зрелыми и не имели собственной воли. То есть подобные дети не выбрали жизнь в вере, потому что легко поддались внешнему влиянию - родителей и своего окружения. Бог Любви и Справедливости учитывает эти обстоятельства и, даже после Суда, не бросает детей в озера, огненное или горящее серой. Но это не означает, что их наказания уменьшатся или прекратятся. Их будут вечно наказывать так же, как это делалось в Гадесе.

Ибо возмездие за грех — смерть

За исключением таковых, все, находящиеся в

Гадесе, попадут в озера, огненное или горящее серой, соответственно совершенным ими грехам. В Послании к Римлянам, 6:23, об этом написано: *«Ибо возмездие за грех — смерть, а дар Божий — жизнь вечная во Христе Иисусе, Господе нашем»*. Здесь, «смерть» означает не завершение жизни на земле, а вечное наказание в озерах, огненном или горящем серой. Ужасная и мучительная пытка вечного наказания является возмездием за грех, и это еще раз говорит нам, что грех – страшен, нечист и отвратителен.

Если люди даже немного знают о вечных страданиях в аду, почему это не пугает их и не заставляет стремиться избежать такой участи? Почему они не принимают Иисуса Христа, не проявляют послушания и не живут по Слову Божьему.

В Евангелии от Марка, 9:45-47, Иисус сказал следующее:

«И если нога твоя соблазняет тебя, отсеки ее: лучше тебе войти в жизнь хромому, нежели с двумя ногами быть ввержену в геенну, в огонь неугасимый, где червь их не умирает, и огонь не угасает. И если глаз твой соблазняет тебя, вырви его: лучше тебе с одним глазом войти в Царствие Божие, нежели с двумя глазами быть ввержену в геенну огненную».

Если вы грешите, идя туда, куда не следует, для вас лучше остаться без ног, чем попасть в ад. Лучше лишиться рук, если вы грешите, делая что не должно делать, чем идти в ад. Лучше ослепнуть, если вы совершаете грех, разглядывая то, на что смотреть не надо.

Нам, по Божьей благодати, не нужно отрезать себе руки и ноги или выкалывать глаза, чтобы попасть на Небеса, потому что безгрешный и непорочный Агнец, Господь Иисус Христос, был распят за нас, Его руки и ноги были пригвождены к кресту, а на голову надет терновый венец.

Сын Божий пришел, чтобы разрушить дела дьявола

Каждый, кто поверит в прощение через пролитую кровь Иисуса Христа, освобождается от наказания в озерах, огненном или горящем серой, и вознаграждается вечной жизнью.

В Первом послании Иоанна, 3:8-9, говорится: *«Кто делает грех, тот от диавола, потому что сначала диавол согрешил. Для сего-то и явился Сын Божий, чтобы разрушить дела диавола. Всякий, рожденный от Бога, не делает греха, потому что семя Его пребывает в нем; и он не может грешить, потому что рожден от Бога».*

Грех – больше, чем просто действия вроде кражи, убийства или обмана. Зло в сердце – более серьезный грех. Бог ненавидит зло в наших сердцах. Ему противно злое, хитрое и предательское сердце, которое осуждает других людей, ненавидит их и препирается с ними. На что будут похожи Небеса, если людям с такими сердцами разрешат войти туда? Они и там будут спорить о добре и зле, поэтому Бог не позволяет злым людям попасть на Небеса.

Следовательно, если вы становитесь детьми Божьими, то, обретя внутреннюю силу через кровь Иисуса Христа, вы не должны больше служить лжи, быть рабами дьявола. Следует начать жизнь в истине, как и полагается чадам

Бога, Который Сам является Светом. Только тогда вы сможете обрести всю славу Небес, благословения, получите право быть чадом Божьим и процветать и в этом мире.

Вы не должны грешить, если стали верующим

Божья любовь к нам проявилась в том, что ради нас Он послал Своего возлюбленного, невинного и единственного Сына на крест. Представьте, как огорчается и горюет Бог, видя как те, кто называют себя «детьми Божьими», грешат, поддавшись влиянию дьявола, и быстро движутся в сторону ада.

Я прошу вас не грешить, а повиноваться Божьим заповедям, демонстрируя всей своей жизнью, что вы – драгоценное Божье дитя. Поступая так, вы получите ответы на все ваши молитвы, станете истинным Божьим чадом и в конце концов войдете в великолепный Новый Иерусалим. У вас будут сила и власть, которыми вы сможете рассеивать тьму среди тех, кто, не зная об истине, все еще грешит и является рабом дьявола. У вас будет сила направлять этих людей к Богу. Я желаю вам стать истинными детьми Божьими.

Желаю вам, прославляя Бога и освобождая многие души от вечной смерти, получать ответы на все свои молитвы и прошения. Желаю вам достичь Божьей славы и сиять на Небесах подобно солнцу.

Злые духи будут заключены в Бездне

В толковом словаре сказано, что слово «бездна»

означает неизмеримую глубину или бездонную пропасть. В библейском смысле, Бездна – самая глубокая и низкая часть ада. Она оставлена только для злых духов, противостоящих Богу.

> *«И увидел я Ангела, сходящего с неба, который имел ключ от бездны и большую цепь в руке своей. Он взял дракона, змия древнего, который есть диавол и сатана, и сковал его на тысячу лет, и низверг его в бездну, и заключил его, и положил над ним печать, дабы не прельщал уже народы, доколе не окончится тысяча лет; после же сего ему должно быть освобожденным на малое время»* (Откровение, 20:1-3).

Это – описание времени, приближенного к концу Семи лет Великой Скорби. После пришествия Иисуса Христа злые духи будут управлять миром в течение семи лет. В этот период произойдет третья мировая война и другие глобальные бедствия.

После Великой Скорби наступит Тысячелетнее Царство, тогда злые духи будут заключены в Бездну. По окончании Тысячелетнего Царства злые духи будут освобождены на короткое время. А когда свершится Суд Великого Белого Престола, они вновь будут повержены в Бездну, и на сей раз - навсегда.

Люцифер и его слуги контролируют мир тьмы, но после Суда и Небеса, и ад будут управляться только Божьей Силой.

Злые духи – инструменты в возделывании человека

Какие наказания получат в Бездне потерявшие всю силу и власть злые духи?

Прежде чем рассмотреть этот вопрос, нужно понять, что злые духи служат и существуют только в качестве инструментов для возделывания человечества.

Зачем Богу воспитывать людей на земле, если на Небесах есть многочисленное небесное воинство и множество ангелов? Это объясняется тем, что Бог желает иметь истинных детей, с которыми Он может разделить Свою любовь.

Я объясню это на примере из корейской истории. Корейские аристократы обычно окружали себя многочисленными слугами. Слуги полностью исполняли приказания своих хозяев. Представьте некоего хозяина, у которого дети были непослушными и блудными, делали только то, что им нравилось. Означает ли это, что хозяин будет любить своих послушных слуг больше, чем беспутных детей? Он не может не любить своих детей, несмотря на то, что они не проявляют послушания.

Так же и Бог. Он любит людей, созданных по Своему образу, независимо от того, сколько послушных небесных ангелов есть у Него. Небесные воинства и ангелы скорее похожи на роботов, поскольку выполняют только то, что им говорят. Поэтому они не способны разделить истинную любовь с Богом. Не думайте, что ангелы подобны роботам во всех аспектах.

С одной стороны, они, как роботы, делают то, что им приказано, и не имеют свободной воли, а с другой стороны, и им, как людям, знакомы чувства радости и печали. Они не испытывают радости или горя, но просто знают, что ощущает человек. Поэтому, когда вы воздаете хвалу Богу, ангелы хвалят Его вместе с вами. Когда вы танцуете, чтобы прославить Бога, они также танцуют и даже играют на музыкальных инструментах. Этим они отличаются от роботов. Все же ангелы и роботы похожи в том, что у них нет свободной воли, и, чтобы они что-то сделали, им нужно получить команду. Поэтому их и используют только в качестве инструментов.

Подобно ангелам, злые духи – не более, чем инструменты, используемые для воспитания человека. Они – машины, не отличающие добра от зла, предназначенные для определенной цели, но используемые в злых целях.

Злые духи, заключенные в Бездне

Закон духовного мира говорит, что возмездие за грех – смерть, и человек пожинает то, что сеет. После Великого суда, согласно этому закону, души из Гадеса будут страдать в озерах, огненном или горящем серой. Это вызвано тем, что еще на земле, имея свободную волю, они сознательно выбрали зло.

Злые духи, за исключением бесов, не имеют отношения к возделыванию человека. Поэтому, даже после Суда, злые духи, заключенные в темной и холодной Бездне, останутся там подобно груде мусора. Это самое подходящее наказание для них.

Престол Божий расположен в центре и на вершине Небес. Злые же духи, наоборот, заперты в Бездне, самом глубоком и темном месте ада. В темной и холодной Бездне они не могут передвигаться. Словно придавленные огромными камнями, злые духи будут навсегда оставлены в неподвижном положении.

Эти злые духи когда-то были на Небесах и имели почетные обязанности. После своего грехопадения падшие ангелы стали применять свою власть в мире тьмы. Однако они проиграли в войне, которую вели против Бога, и для них все было закончено. Они лишились всей славы и значения в качестве небесных жителей. В Бездне, в знак проклятия и позора, крылья этих падших ангелов будут разорваны.

Духи – существа вечные и бессмертные. Злые духи в Бездне не могут пошевелить пальцем, у них нет чувств, воли и сил. Они подобны машинам с выключенными моторами или выброшенным на свалку старым куклам.

Некоторые посланцы ада останутся в Гадесе

Из этого правила есть исключение. Как сказано выше, дети моложе двенадцати лет даже после Суда останутся в Гадесе. Поэтому для продолжения их наказания необходимы посланцы ада.

Их оставят не в Бездне, а в Гадесе. Эти посланцы напоминают роботов. До Суда они могли иногда смеяться и наслаждаться видом пытаемых душ, но не потому что имели какие-то эмоции. Ими управлял Люцифер, который обладал человеческими характеристиками, и позволил посланцам ада проявлять эмоции. После Суда, однако, Люцифер больше не будет управлять посланцами ада, но они продолжат выполнять свою работу как бесчувственные машины.

Где будут бесы?

В отличие от падших ангелов, созданных перед сотворением Вселенной, бесы не являются духовными существами. Они были прежде людьми, созданными из праха и обладающими, подобно нам, духом, душой и телом. Кое-кого из тех, кто когда-то жил на земле, но умер, не получив спасения, выпустили в этот мир при особых обстоятельствах. Они – бесы. Кто ими становится? Существует четыре способа превращения людей в бесов.

Во-первых, это касается людей, продавших дух и душу сатане. Люди, прибегающие к помощи ворожбы и колдовства для удовлетворения своей жадности и желаний, получающие помощь от злых духов, могут стать бесами после смерти.

Во-вторых, это люди, совершившие самоубийство из-за живущего в них зла. Если люди лишают себя жизни по собственной воле из-за неудачи в делах или по другим причинам, они таким образом пренебрегают Божьей властью над жизнью и могут стать бесами. Но сюда не относятся случаи, когда человек жертвует собой ради своей страны или ради помощи другим людям. Как, например, неумеющий плавать человек, рискуя собственной жизнью, прыгнул в воду ради спасения утопающего; цель его была благородной и значимой.

В-третьих, это люди, которые когда-то веровали в Бога, но к какой-то момент стали Его отрицать и предали свою веру. Столкнувшись с большими трудностями, потеряв очень близкого человека, некоторые верующие упрекают Бога и выступают против Него. Чарльз Дарвин, основатель теории эволюции, является таким примером. Дарвин когда-то верил в Бога Творца. Когда его любимая дочь умерла противоестественно рано, Дарвин отверг Бога и противопоставил Ему теорию эволюции. Такие люди грешат тем, что снова и снова распинают Иисуса Христа, нашего Искупителя (Посл. к Евреям, 6:6).

В-четвертых, это относится к людям, которые вроде бы верят в Бога и знают истину, но препятствуют деяниям Святого Духа, выступают против Него, хулят Его (От Матфея, 12:31-32; От Луки, 12:10).

Сегодня многие люди, которые внешне проявляют свою веру в Бога, но фактически препятствуют действиям Святого Духа, противостоят Ему и богохульствуют. Являясь свидетелями бесчисленных Божьих дел, они, однако, осуждают и обвиняют других, выступают против Святого Духа и пытаются разрушить церкви, в которых проявляется Его присутствие. Кроме того, если эти люди являются лидерами и ведут себя таким образом, то их грехи становятся еще более тяжелыми.

Когда подобные грешники умирают, их направляют в Гадес, и они получают третий или четвертый уровень наказаний. Но некоторые из таких душ становятся бесами и отпускаются в этот мир. Более подробно об этом можно узнать из серии моих проповедей «Мир злых духов».

Нечистые духи, управляемые дьяволом

До Суда Люцифер обладает полной властью над миром тьмы и Гадесом. Поэтому у него также есть право выбрать некоторые души из Гадеса, наиболее подходящие для его дел, и использовать их в этом мире в качестве бесов. Как только эти души избраны и отпущены в мир, они перестают иметь собственные желания и чувства. Согласно воле Люцифера ими управляет дьявол, и они служат только в качестве инструментов для достижения целей представителей мира злых духов.

Бесы искушают людей на земле любовью к этому миру. Некоторые из сегодняшних самых жестоких грехов и преступлений произошли при участии нечистых духов и в соответствии с волей Люцифера. Бесы входят в людей, согласно закону духовного мира, и ведут их в ад. Иногда они калечат людей и приносят им болезни. Конечно, это не означает, что все уродства или болезни надо приписывать бесам, но некоторые из них являются делом их рук.

Мы читаем в Библии о бесноватом мальчике, который был немым с детства (От Марка, 9:17-24), и о женщине, имевшей дух немощи в течение восемнадцати лет, которая была скорчена и не могла выпрямиться (От Луки, 13:10-13).

Согласно воле Люцифера нечистым духам были назначены наиболее легкие из обязанностей в мире тьмы, но они не будут заключены в Бездну после Суда. Поскольку когда-то бесы были людьми и развивались наряду с теми, кто получил третий или четвертый уровень наказаний в Гадесе, после Суда Великого Белого Престола они будут брошены в озеро, горящее серой.

Злые духи боятся Бездны

Некоторые из вас, кто помнит такие слова из Библии, могут подумать, что здесь ошибка. В Евангелии от Луки, в главе 8-й, описана встреча Иисуса Христа с одержимым. Когда Он приказал нечистому духу выйти из того человека, бесы в нем сказали: «*...что Тебе до меня, Иисус, Сын Бога Всевышнего? умоляю Тебя, не мучь меня!*» (От Луки, 8:28) - и умоляли Иисуса не посылать их в Бездну.

Бесы предназначены для озера, горящего серой, а не для Бездны. Почему же они просили Иисуса не направлять их в Бездну? Как сказано выше, нечистые духи когда-то были людьми, а в теперешнем своем состоянии они просто инструменты, используемые для развития человека согласно воле Люцифера.

Поэтому, когда бесы говорили с Иисусом через уста одержимого, это выражало сущность того, кто ими управляет, а не их собственную суть. Злые духи, возглавляемые Люцифером, знают, что, когда завершится отведенное Богом время для развития человечества, они потеряют всю свою власть и силу и будут навечно заключены в Бездне. Страх перед будущим был очевиден, и он проявился в мольбе беса.

Кроме того, нечистый дух использовался в качестве инструмента для того, чтобы в Библии было записано о страхе этих злых духов и их конце.

Почему нечистые духи ненавидят воду и огонь?

В начале моего служения Святой Дух действовал так мощно в моей церкви, что слепые прозревали, немые обретали дар речи, люди с полиомиелитом начинали ходить, злые духи изгонялись. Эти новости распространялись по всей стране, и к нам приходило много больных людей. Как-то я молился об одержимом человеке, и бесы, как духовные существа, знали заранее о том, что будут изгнаны. Время от времени, некоторые бесы просили меня: «Пожалуйста, не изгоняй нас в воду и огонь!». Конечно, я не мог согласиться с их требованиями.

Почему же нечистые духи не любят воду и огонь? В Библии это объясняется. Когда я снова молился и просил Бога дать мне ответ и на этот вопрос, Бог сказал мне, что духовно вода символизирует жизнь и, в частности, Божье Слово, являющееся Светом. А огонь символизирует огонь Святого Духа. Бесы, которые представляют тьму, теряют свою силу и власть, когда их отправляют в огонь или воду. В Евангелии от Марка, в главе 5-й, описано, как Иисус повелевает бесу по имени Легион выйти из человека и нечистые духи просят Его послать их в стадо свиней (От Марка, 5:12).

Иисус дал им разрешение, и бесы, выйдя из человека, вошли в свиней. *«И устремилось стадо с крутизны в море, а их было около двух тысяч; и потонули в море».* Иисус утопил их в озере, чтобы в будущем не работали на Люцифера.

Под этим не подразумевается, что бесы утонули: они только потеряли свою силу. Именно поэтому Иисус говорит нам, что, *«когда нечистый дух выйдет из человека, то ходит по безводным местам, ища покоя, и не находит»* (От Матфея, 12:43).

Чтобы через Божьих детей проявилась Божья сила, они должны хорошо знать духовный мир. Бесы дрожат от страха, если вы изгоняете их с полным знанием духовного мира. Но если у вас не будет правильного духовного понимания и во время изгнания вы просто скажете: «Ты, нечистый дух, выходи и иди в воду! Иди в огонь!», - они не будут дрожать от страха перед вами.

Люцифер борется за установление своего царства

Бог любит нас с избытком, и еще, Он Бог Справедливости. Независимо от того, насколько милосердными и всепрощающими могут быть правители этого мира, они не смогут всегда безоговорочно проявлять милость и прощение. Они отвечают за то, чтобы в стране соблюдался закон, порядок и мир, а народ имел гарантии безопасности и защиты от воров и убийц. Даже своего любимого сына или иного близкого человека правитель земного государства обязан привлечь к ответственности за совершенное преступление, если это, например, государственная измена. Преступник должен понести наказание согласно закону.

Божья любовь тоже соответствует строгому порядку духовного мира. До того как Люцифер стал предателем, Бог очень любил его, и, даже после совершения им такого поступка, Он дал ему полную власть над тьмой. Но единственной наградой, которую получит Люцифер, будет его заключение в Бездну. Так как Люцифер об этом знает, он борется за установление своего царства и старается удержать его. По этой причине Люцифер убивал многих Божьих пророков. Две тысячи лет назад, когда Люцифер узнал о рождении Иисуса, чтобы предотвратить установление Божьего Царства и сохранить навеки царство тьмы, с помощью царя Ирода он попытался уничтожить Иисуса. Побуждаемый сатаной, Ирод отдал распоряжение убить в той земле всех мальчиков в возрасте до двух лет (От Матфея, 2:13-18).

В течение последних двух тысячелетий Люцифер постоянно старается уничтожить всякого человека, через которого проявлялась чудная Божья сила. Все же Люцифер никогда не сможет победить Бога или превзойти Его мудростью, и то, что он кончит Бездной, уже предрешено.

Бог Любви ждет и дает возможность для покаяния

Всех живущих на земле людей ждет Суд согласно их делам. Нечестивого человека ожидают проклятие и наказания, а праведного - благословения и слава. Однако любящий Бог не посылает согрешивших людей сразу в ад. Он терпеливо ждет, чтобы они раскаялись, так как *«у Господа один день, как тысяча лет, и тысяча лет, как один день»* (2-е посл. Петра, 3:8-9). В этом и заключается любовь Бога, который желает, чтобы все люди обрели спасение.

Мне хочется, чтобы читатели помнили, что Бог был также долготерпелив ко всем, отбывающим наказание в Гадесе. Бог Любви плачет о душах, созданных по Его образу и подобию, которым теперь предстоит страдать в вечности. Несмотря на Божье терпение и Его любовь, если люди не принимают Евангелие до конца или, утверждая на словах, что верят, продолжают грешить, они потеряют все пути ко спасению и окажутся в аду. Вот почему мы, верующие, должны всегда благовествовать, независимо от того, есть возможность для этого или нет. Если горит дом, в котором спят ваши дети, разве вы не сделаете все, что в ваших силах, чтобы их спасти? Бог скорбит сердцем, когда видит, как люди, созданные по Его образу и подобию, совершают грехи и попадают в вечный огонь ада. Представьте, как радуется Бог, видя верующих, которые приводят других людей к спасению? Вам надо понять сердце Бога, Который любит всех людей и печалится о тех, кто находится на пути в ад, и понять сердце Иисуса Христа, Который не хочет потерять ни одного человека. Теперь, когда вы прочитали о жестокости и несчастиях ада, вам понятно, почему спасение людей угодно Богу. Я надеюсь, что вы осознаете это и почувствуете Божье сердце и станете распространять Благую Весть и приводить людей на Небеса.

Первое послание к Коринфянам, 2:13-14, говорит нам: *«...что и возвещаем не от человеческой мудрости изученными словами, но изученными от Духа Святого, соображая духовное с духовным. Душевный человек не принимает того, что от Духа Божия, потому что он почитает это безумием; и не может разуметь, потому что о сем надобно судить духовно».* Разве может человек во плоти, говорить о духовном и понять духовное, если Бог не откроет ему это Святым Духом?

Я молюсь во имя Господа, чтобы вы еще более стремились к духовному миру, чтобы вы старались, как следует, понять его, чтобы вы могли объяснять людям, что после смерти будет жизнь и Суд, что никто этого не избежит. Молюсь, чтобы вы приводили людей на путь спасения.

Глава 9

Почему Бог Любви приготовил ад?

Около двух тысяч лет назад Иисус прошел по городам и селениям Израиля, проповедуя Благую Весть и исцеляя людей от болезней. Когда Он встречался с людьми, Он чувствовал к ним жалость, потому что они были *«изнурены и рассеяны, как овцы, не имеющие пастыря»* (От Матфея, 9:36).

Он видел, что всем этим людям было нужно спасение, но не было никого, кто бы позаботился о них. Даже если бы Иисус и попытался обойти все окружающие деревни, посещая людей, Он не мог бы помочь каждому.

Иисус сказал Своим ученикам: *«... жатвы много, а делателей мало; итак молите Господина жатвы, чтобы выслал делателей на жатву Свою»* (От Матфея, 9:37-38). Была огромная нужда в работниках, которые с пламенной любовью начали бы учить людей истине, чтобы отвести от них тьму.

В настоящее время многие люди порабощены грехом, страдают от болезней, бедности, горя и направляются в ад только потому, что им неизвестна истина. Мы должны понять сердце Иисуса, который ищет работников для жатвы. Каждый верующий должен не только получить личное спасение, но также обратиться к Нему со словами: «Вот я! Пошли меня, Господи».

Божье терпение и любовь

У родителей был любимый и обожаемый ими сын. Однажды он попросил их отдать ему его долю наследства. Они выполнили просьбу сына, хотя им было и не понятно его желание, поскольку они собирались все оставить ему по завещанию. Потом со своей долей наследства сын уехал в чужую страну. Несмотря на то, что вначале у него были надежды и планы, его увлекли мирские удовольствия и страсти, и он растратил все свое богатство. Кроме того, в той стране сложилось тяжелое экономическое положение, поэтому он обеднел еще больше. Однажды кто-то сообщил родителям новость об их сыне, рассказав, что развратная жизнь довела его до крайней черты бедности, и теперь люди презирают его.

Что должны были почувствовать его родители? Возможно, сначала они очень рассердились, но потом простили его, потому что беспокоились о нем, и желали только одного – чтобы он быстрее вернулся домой.

Бог принимает детей, которые возвращаются в покаянии

В Евангелии от Луки, в главе 15-й, повествуется о том, что чувствовал в своем сердце отец, сын которого отправился в дальнюю страну. Он ждал его каждый день у ворот и так страстно желал его возвращения, что, когда тот действительно вернулся, отец узнал его даже на расстоянии. Он подбежал к своему сыну и радостно обнял его. На раскаявшегося сына отец надел лучшую одежду и сандалии, заколол откормленного теленка и устроил в честь сына праздник.

Это – сердце Бога. Независимо от количества или тяжести грехов, Он не только прощает всех, кто искренне раскаивается, но также утешает и наделяет их силой, необходимой для достижения успеха. Когда хоть один человек спасается верой, Бог радуется и празднует это с ангелами на Небесах. Наш милосердный Бог есть Любовь. Имея сердце отца, ожидающего своего сына, Бог очень хочет, чтобы все люди отвернулись от греха и получили спасение.

Бог Любви и Прощения

В Книге пророка Осии, в главе 3-й, показано безграничное милосердие и сострадание нашего Бога, Который всегда стремится прощать и любить даже грешников.

Однажды Бог повелел Осии взять в жены женщину-блудницу. Осия повиновался и женился на Гомери. Однако через несколько лет эта женщина оказалась неспособной обуздать себя и полюбила другого мужчину. Ей платили как блудной женщине, и она находила других мужчин. Тогда Бог сказал Осии: *«Иди еще и полюби женщину, любимую мужем, но прелюбодействующую»* (Кн. пр. Осии, 3:1). Бог повелел Осии полюбить свою жену, которая предала его и оставила семью ради другого. Осия привел Гомерь назад *«за пятнадцать сребренников и за хомер ячменя* и *полхомера ячменя»* (Кн. пр. Осии, 3:2). Сколько людей могут так поступить? После того как Осия привел Гомерь назад, он сказал ей: «*... много дней оставайся у меня; не блуди, и не будь с другим; так же и я буду для тебя»* (Кн. пр. Осии, 3:3). Он не осуждал и не проявлял ненависти, но с любовью прощал ее и умолял никогда не оставлять его снова.

Для людей этого мира поступок Осии кажется глупым. Но сердце Осии символизирует Божье сердце. Подобно тому, как Осия женился на прелюбодейной женщине, Бог полюбил нас еще тогда, когда мы оставили Его, и даже освободил нас.

После неповиновения Адама все люди стали грешниками. Подобно Гомери, они не были достойны Божьей любви. Однако Бог любил их и отдал на распятие ради них Своего единственного Сына, Иисуса Христа. Ради нашего спасения Иисуса бичевали, одели на Него терновый венец и пробили Его руки и ноги гвоздями. Даже, умирая на кресте, Он молился: «Отче, прости их». Иисус ходатайствует обо всех грешниках перед Престолом нашего Бога Отца на Небесах.

И все же так много людей не знают о Божьей любви и благодати. Напротив, они любят мир и продолжают грешить, подчиняясь желаниям плоти. Некоторые живут во тьме, потому что им не известна истина. Другие знают истину, но с течением времени их сердце меняется, и они снова грешат. Обретя спасение, приняв Святой Дух, люди должны ежедневно освящаться. Однако сердца таковых опять развращаются и оскверняются, становясь такими же, какими были до принятия Духа Святого, и они, как и прежде, совершают злые поступки. Но Бог прощает и любит даже тех людей, которые грешат и живут по мирским законам. Так же, как Осия вернул свою жену-блудницу, полюбившую другого, Бог ждет возвращения и покаяния Своих детей, которые согрешили.

Поэтому следует понять сердце Бога, открывшего нам послание об аде. Бог не хочет пугать нас. Он желает, чтобы мы узнали о несчастиях ада, полностью раскаялись и получили спасение. Послание об аде - способ выразить Его пламенную любовь к нам. Кроме того, необходимо понять, что Богу пришлось приготовить ад, чтобы мы глубже поняли Его сердце и донесли Благую Весть многим людям, спасая их от вечных мук.

Почему Бог Любви должен был приготовить ад?

В Бытии, 2:7, написано: *«И создал Господь Бог человека из праха земного, и вдунул в лице его дыхание жизни, и стал человек душою живою».*

В 1983 году, через год после основания нашей церкви, Бог показал мне в видении, как Он создавал Адама. Бог, с радостью и любовью, заботливо вылепил Адама из глины. Бог был похож на ребенка, который играет со своей самой любимой игрушкой или куклой. Потом Бог вдохнул в него жизнь. Поскольку мы получили дыхание жизни от Бога, Который является Духом, наш дух и душа бессмертны. Плоть, созданная из праха, погибнет и превратится в горсть пыли, но дух и душа останутся в вечности. По этой причине Богу пришлось подготовить место обитания для этих бессмертных духов, и это — Небеса и ад. Во Втором послании Петра, 2:9-10, сказано, что люди, которые живут богобоязненной жизнью, спасутся и попадут на Небеса, а неправедные люди окажутся в аду:

«... конечно, знает Господь, как избавлять благочестивых от искушения, а беззаконников соблюдать ко дню суда, для наказания, а наипаче тех, которые идут вслед скверных похотей плоти, презирают начальства, дерзки, своевольны и не страшатся злословить высших...».

Божьи дети будут жить на Небесах под Его вечным покровительством. Поэтому Небеса всегда полны счастья и радости. Но ад – место для всех тех, кто, вместо того чтобы принять Божью любовь, предал Его и стал рабом греха. В аду их ждут жестокие пытки. Почему же Богу Любви пришлось приготовить ад?

Бог отделяет пшеницу от соломы

Как земледелец, который сеет семена и выращивает урожай, чтобы обрести истинных детей, Бог их возделывает. Когда приходит время сбора урожая, Он отделяет пшеницу от соломы, отправляя пшеницу на Небеса, а солому - в ад.

«Лопата Его в руке Его, и Он очистит гумно Свое, и соберет пшеницу Свою в житницу, а солому сожжет огнем неугасимым» (От Матфея, 3:12).

Слово «пшеница» здесь символизирует всех, кто

принимает Иисуса Христа, старается вернуть себе Божий образ и жить согласно Его Слову. «Солома» относится к тем, кто отвергает Иисуса Христа как своего Спасителя, любит мир и следует злу.

Подобно земледельцу, который собирает пшеницу в житницу, сжигая солому или используя ее как удобрение для урожая, Бог также приносит «пшеницу» на Небеса, а «солому» бросает в ад.

Бог хочет удостовериться, что мы знаем о существовании Гадеса и ада. Лава под поверхностью земли и огонь служат напоминанием вечных наказаний в аду. Если бы в этом мире не существовало огня или серы, как бы мы представили ужасы Гадеса и ада? Бог создал это, потому что это необходимо для развития людей.

Причина того, почему «солому» бросают в геенну огненную

Некоторые могут спросить: «Почему же Бог Любви приготовил ад? Почему Он не позволяет «соломе» тоже попасть на Небеса?».

Красота Небес превосходит наше воображение и не поддается описанию. Бог, хозяин Небес, свят и непорочен, и только исполняющие Его волю смогут взойти на Небеса (От Матфея, 7:21). Если злые люди окажутся на Небесах наряду с праведными, жизнь там чрезвычайно осложнится и прекрасные Небеса осквернятся. Вот почему Бог должен был приготовить ад, чтобы отделить «пшеницу» - для Небес от «соломы» - для ада. Если не будет ада, то праведный и беззаконник будут вынуждены пребывать в вечности вместе. Если так, то Небеса превратятся в пристанище тьмы, заполненное воплями и криками мучеников. Однако Божья цель развития человечества состоит не в том, чтобы создать подобное место. Небеса – это обитель, где нет слез, горя, мучений и болезни, где Бог щедро делится любовью со Своими детьми. Ад необходим для вечного заключения злых и ничего не стоящих людей - «соломы».

В Послании к Римлянам, 6:16, написано: *«Неужели вы не знаете, что, кому вы отдаете себя в рабы для послушания, того вы и рабы, кому повинуетесь, или [рабы] греха к смерти, или послушания к праведности?».* Даже если им это неизвестно, все те, кто не живет согласно Божьему Слову, являются рабами греха и врага - дьявола и сатаны. На земле такие люди находятся под его контролем, а после смерти будут отданы в руки злых духов в аду, где примут все виды наказаний.

Бог вознаграждает каждого человека согласно тому, что он сделал

Наш Бог – не только Бог Любви, Милосердия и Благодати. Он справедливый и праведный Бог, вознаграждающий каждого человека согласно его поступкам. В Послании к Галатам, 6:7-8, написано:

> *«Не обманывайтесь: Бог поругаем не бывает. Что посеет человек, то и пожнет: сеющий в плоть свою от плоти пожнет тление; а сеющий в дух от духа пожнет жизнь вечную».*

Когда вы сеете молитвы и хвалу, вы получаете с Небес

силу жить согласно Божьему Слову и ваш дух и душа преуспевают. Если сеять с преданностью, то дух, душа и тело человека укрепляются. Когда вы «сеете» деньги, отдавая десятину или добровольные пожертвования, вы будете обильно материально благословены и сможете больше сеять для Божьего Царства и праведности. С другой стороны, когда человек сеет зло, то и получает в ответ точно такое же зло. Если вы верующий человек, но сеете грехи и беззаконие, то обязательно столкнетесь с испытаниями. Поэтому я надеюсь, что Святой Дух поможет вам понять этот принцип и вы обретете вечную жизнь.

В Евангелии от Иоанна, 5:29, Иисус сказал нам, что *«и изыдут творившие добро в воскресение жизни, а делавшие зло в воскресение осуждения».* В Евангелии от Матфея, 16:27, Иисус обещает нам: *«Ибо приидет Сын Человеческий во славе Отца Своего с Ангелами Своими, и тогда воздаст каждому по делам его».* С непогрешимой точностью на своем Суде Бог вознаградит и соответственно определит надлежащее наказание, в зависимости от поступков человека. Попадет ли человек на Небеса или в ад, зависит не от Бога, а от самого человека, потому что он наделен свободой выбора. Все пожнут то, что посеяли.

Бог хочет, чтобы все люди обрели спасение

Бог ценит человека, созданного по Его Собственному образу и подобию, более, чем всю Вселенную. Поэтому Бог желает, чтобы все люди поверили в Иисуса Христа и обрели спасение.

Бог очень радуется, когда и один грешник кается

Как пастырь, который ищет по труднодоступным местам одну заблудшую овцу, хотя имеет под защитой еще девяносто девять овец (От Луки, 15:4-7), так и Бог радуется покаянию одного грешника больше, чем девяноста девяти праведникам, которые не нуждаются в покаянии.

Давид написал, что, *«как далеко восток от запада, так удалил Он от нас беззакония наши. Как отец милует сынов, так милует Господь боящихся Его»* (Псалом 102:12-13). Бог также обещал в Книге пророка Исаии, 1:18, что *«Если будут грехи ваши, как багряное, — как снег убелю; если будут красны, как пурпур, — как волну убелю»*.

Бог есть Свет, и в Нем нет тьмы. Он - сама праведность. Он ненавидит грех, но когда грешник раскаивается перед Ним, Бог более не помнит его грехов. Вместо этого Он заключает грешника в объятия, дарует ему Свое неограниченное прощение и благословляет его Своей любовью.

Если вы хоть немного понимаете удивительную Божью любовь, то относитесь к каждому человеку с искренней любовью. Проявляйте сострадание к тем, кто идет в геенну огненную. Нужно искренне молиться о них, делиться с ними Благой Вестью и посещать братьев и сестер, чья вера еще слаба, укреплять их, чтобы и они могли укрепиться в вере.

Если вы не покаетесь

В Первом послании к Тимофею, 2:4, говорится, что Бог *«хочет, чтобы все люди спаслись и достигли познания истины»*. Бог страстно желает, чтобы все люди узнали Его, получили спасение и пришли туда, где Он находится. Бог мечтает о спасении и одного человека, все еще ожидая, чтобы из тьмы и греха люди обратились к Нему.

Бог дал людям бесчисленные возможности для покаяния, Он принес в жертву на кресте Своего единственного Сына, но если человек умирает, не покаявшись, то ему предстоит только одно. Согласно закону духовного мира такой человек пожнет, что посеял, и заплатит, согласно содеянному, и будет ввергнут в ад.

Надеюсь, вы поймете удивительную любовь и справедливость Бога, примите Иисуса Христа и получите прощение. Я желаю вам вести себя достойно и жить по Божьей воле, чтобы на Небесах сиять подобно солнцу.

Смело распространять Евангелие

Тот, кто знает и действительно верит в существование Небес и ада, не может не возвещать Евангелие, потому что знает сердце Бога, желающего спасения всех людей.

Как распространить Благую Весть без людей

В Послании к Римлянам, 10:14-15, сказано, что Бог одобряет тех, кто распространяет Благую Весть:

«Но как призывать [Того], в Кого не уверовали? Как веровать [в] [Того], о Ком не слышали? Как слышать без проповедующего? И как проповедовать, если не будут посланы? как написано: "как прекрасны ноги благовествующих мир, благовествующих благое!"».

В Четвертой книге Царств, в главе 5-й, есть история о Неемане, военачальнике царя Сирии. Царь уважал и считал Неемана великим человеком, потому что тот много раз спасал его страну. Нееман обрел известность и богатство и ни в чем не испытывал недостатка. Однако заболел проказой. В те дни проказа являлась неизлечимой болезнью, и ее рассматривали как проклятие свыше, поэтому теперь доблесть Неемана и богатство оказались бесполезными для него. Даже царь не мог ему помочь. Кто может представить, что было на сердце у Неемана, который видел, как его, когда-то здоровое, тело, день за днем, гниет и разлагается?

Даже члены его семьи старались не приближаться к Нееману, боясь тоже заразиться этой болезнью. Насколько бессильным и беспомощным, должно быть, чувствовал себя Нееман! Однако у Бога был замечательный план для Неемана, языческого военачальника.

Нееман исцелился, послушав свою служанку

Служанка, которую привезли как пленницу из Израиля, теперь служила жене Неемана. Хоть она была и маленькой девочкой, но знала, как решить проблему Неемана. Девочка верила, что Елисей, пророк в Самарии, мог исцелить болезнь ее хозяина. Она смело рассказала своему хозяину о Божьей силе, явленной через Елисея. Девочка не молчала, особенно, когда дело касалось ее веры. Услышав известие, Нееман приготовил пожертвования и с искренним сердцем пошел на встречу с пророком.

Что же, как вы думаете, произошло с Нееманом? Он полностью исцелился Божьей силой, которая была с Елисеем. Он даже признался: *«Вот, я узнал, что на всей земле нет Бога, как только у Израиля».* Нееман исцелился не только от физической болезни, но и решил свои духовные проблемы.

Иисус говорит об этой истории в Евангелии от Луки, 4:27: *«... много также было прокаженных в Израиле при пророке Елисее, и ни один из них не очистился, кроме Неемана Сириянина».*

Почему же исцелился только язычник Нееман, хотя в Израиле было много других прокаженных? Это объясняется тем, что Нееман был искренним и скромным человеком. Он мог смиренно послушаться совета других людей. Несмотря на то, что он был язычником, Бог подготовил для него путь спасения, потому что Нееман был хорошим человеком, всегда верным своему царю генералом и верным слугой народу, готовым отдать за них свою жизнь.

Однако если бы служанка не рассказала Нееману о Божьей силе, действующей через Елисея, он бы умер, не исцелившись и не получив спасения. Жизнь благородного и достойного воина зависела от слов маленькой девочки.

Смело проповедуйте Евангелие

Как и в случае с Нееманом, многие люди вокруг вас

ждут, чтобы вы открыли свои уста. Они страдают от многих проблем, и каждый день приближает их к аду. Как жаль, если им придется испытывать вечные муки после такой тяжелой жизни на земле! Поэтому Божьи дети должны смело проповедовать Евангелие.

Бог будет доволен, когда с помощью Его силы обреченные умереть обретут жизнь, а страждущие освободятся от страданий. Он даст им процветание и здоровье и скажет: «Ты – мое чадо, ты освежаешь мой дух». Кроме того, Бог поможет им обрести веру, чтобы войти в великолепный Новый Иерусалим, где расположен Божий Престол. И те самые люди, которые услышали от вас Благую Весть и приняли Иисуса Христа, будут вам за это благодарны!

Если в этой жизни у людей нет спасительной веры, им уже не представится возможность ее обрести: таким людям уготована дорога в ад. Там, посреди вечного страдания и мучения, они будут только сожалеть и плакать.

Чтобы люди услышали Евангелие и приняли Господа, потребовались неизмеримые жертвы, этому посвятили жизнь многие отцы веры, которых убивали мечами, бросали на растерзание голодным и свирепым хищникам. Их мученическая смерть требовалась для провозглашения Благой Вести.

Что вам делать теперь, когда вы знаете, что были спасены от ада? Вы должны стараться освобождать другие души от ада, отдавая их в Божьи руки. В Первом послании к Коринфянам, 9:16, апостол Павел так писал о своей миссии: *«Ибо, если я благовествую, то нечем мне хвалиться, потому что это необходимая [обязанность] моя, и горе мне, если не благовествую!»*.

Надеюсь, вы пойдете в мир с пламенным сердцем и спасете многие души от вечного наказания в аду.

Теперь, когда вы узнали о вечном и страшном месте, называемом адом, я молюсь о том, чтобы вы почувствовали любовь Бога, который не желает погибели ни одного человека. Я желаю, чтобы вы бодрствовали в своей христианской жизни и благовествовали всем, кто должен услышать о спасении. В Божьих глазах, вы драгоценнее всего мира и достойнее всего существующего во Вселенной, потому что Он сотворил вас по образу Своему. Поэтому не становитесь рабами греха, противостоящими Богу и заканчивающими свою жизнь в аду. Будьте истинными чадами Божьими, живите в Свете, поступайте по Истине. Глядя на вас, Бог восхищается вами так же, как Он восхищался Адамом при его сотворении. Ему хочется, чтобы вы обрели истинное сердце, быстро окрепли в вере и достигли меры полного возраста Христа.

Во имя Господа я молюсь, чтобы вы приняли Иисуса Христа, обрели благословения и власть детей Божьих и как драгоценное чадо Божье могли быть солью и светом в мире, приводя многих людей ко спасению!

Автор – д-р Джей Рок Ли

Д-р Джей Рок Ли родился в городе Муан, в провинции Джэоннам Южной Корейской Республики, в 1943 году. Начиная с двадцати лет, д-р Ли страдал от различных неизлечимых заболеваний и в течение семи лет жил в ожидании смерти, без всякой надежды на исцеление. Но однажды, весной 1974 года, сестра привела его в церковь, где он, упав на колени, молился, и Живой Бог сразу исцелил его от всех болезней.

С той минуты, как д-р Ли чудесным образом встретился с Живым Богом, он искренне возлюбил Его всем сердцем, и в 1978 году он был призван на служение Богу. Он усердно молился и неустанно постился, чтобы ясно понять волю Божью, полностью исполнить ее и повиноваться каждому слову Божьему. В 1982 году он основал Центральную церковь «Манмин» в городе Сеуле (Южная Корея), и с того момента бесчисленные дела Божьи, включая чудесные исцеления и знамения Божьи, были явлены в этой церкви.

В 1986 году д-р Ли был рукоположен в сан пастора на ежегодной Ассамблее Корейской церкви Христа в Сингкуоле, а спустя ещё четыре года, в 1990 году, его проповеди начали транслироваться в Австралии, России, на Филиппинах и во многих других странах, а также по каналам «Дальневосточной вещательной компании», «Азиатской вещательной компании» и «Вашингтонской христианской радиостанции».

Через три года, то есть в 1993 году, журнал «Христианский Мир» (США) внес Центральную церковь «Манмин» в список пятидесяти лучших церквей мира; колледж Христианской веры в штате Флорида (США) присвоил д-ру Ли степень почетного доктора богословия, а в 1996 году Теологическая семинария Кингсвэй (штат Айова, США) присвоила ему степень доктора христианского служения.

С 1993 года д-р Ли, проведя крусейды в Израиле, США, Танзании, Аргентине, Уганде, Японии, Пакистане, Кении, на Филиппинах, в Гондурасе, Индии, России, Германии и Перу, вошел в ряд лидеров мировой миссионерской деятельности.

В 2002 году, за его труд по проведению ряда впечатляющих объединенных крусейдов, ведущие христианские газеты Кореи назвали его «пастором всемирного пробуждения». Особенно отмечена его Нью-Йоркская евангелизационная кампания 2006 года, прошедшая в «Madison Square Garden», которая транслировалась в 220-ти странах мира.

Также особо отмечен Объединенный крусейд в Израиле в 2009 году, прошедший в международном Центре конгрессов Иерусалима, когда Иисус Христос был открыто провозглашен Мессией и Спасителем. Тогда проповеди д-ра Джей Рока Ли через спутниковое вещание транслировались на 176 стран.

В 2009-м и 2010 годах ведущий христианский мега-портал «In Victory», а также новостное агентство «Christian Telegraph» назвали д-ра Ли одним из 10-ти ведущих христианских лидеров мира.

По данным на май 2013 года, членами Центральной церкви «Манмин» являются более ста двадцати тысяч человек. Ею основано десять тысяч филиалов и ассоциативных церквей по всему миру, и на данный момент церковь отправила более 129 миссионеров на служение в 23 страны, включая США, Россию, Германию, Канаду, Японию, Китай, Францию, Индию, Кению и многие другие страны.

На момент публикации этой книги д-р Ли издал 84 книги, включая такие бестселлеры, как «Откровения о вечной жизни в преддверии смерти», «Моя жизнь, моя вера» (I и II), «Слово о Кресте», «Мера веры», «Небеса» (I и II), «Ад» и «Сила Божья». Его книги были переведены на 75 языка мира.

Его статьи на тему христианской веры публиковались в следующих периодических изданиях: The Hankook Ilbo, The JoongAng Daily, The Dong-A Ilbo, The Chosun Ilbo, The Munhwa Ilbo, The Seoul Shinmun, The Kyunghyang Shinmun, The Korea Economic Daily, The Korea Herald, The Shisa News и The Christian Press.

В настоящее время д-р Ли возглавляет многие миссионерские организации и ассоциации. Он, в частности, является главой правления Объединенной церкви святости Иисуса Христа, президентом Международной миссионерской организации Манмин, основателем и главой правлений «Глобальной христианской сети» (GCN), «Всемирной сети врачей-христиан» (WCDN) и Международной семинарии Манмин (MIS).

Другие книги автора

Небеса I: чистые и прекрасные, как кристалл
Небеса II: преисполненные славы Божьей

Подробное изложение великолепного окружения, которым наслаждаются небесные граждане, пребывая в Божьей славе.
Святой город Новый Иерусалим и его двенадцать жемчужных ворот находятся посреди бескрайнего неба, сияя, как драгоценность.

Пробудись, Израиль!

Почему Бог не спускает глаз с Израиля от начала мира и по сей день? Каково на последние дни провидение Бога для Израиля, ожидающего Мессию?

Слово о Кресте

Действенная, пробуждающая проповедь для всех, кто находится в духовной спячке. В этой книге вы узнаете почему Иисус является единственным Спасителем и истинной любовью Бога.

Откровения о вечной жизни в преддверии смерти

Личное свидетельство преподобного доктора Джей Рока Ли, который родился свыше и обрел спасение из долины смертной тени.

Мера Веры

Какое место на небесах уготовано вам? Какой венец вы получите в вечности? Эта книга даст необходимую мудрость и руководство для измерения вашей веры и поможет ее укрепить.

www.urimbooks.com

www.ingramcontent.com/pod-product-compliance
Lightning Source LLC
LaVergne TN
LVHW010315070526
838199LV00065B/5568